Destrucción de un país

I

DESTRUCCIÓN DE UN PAÍS I

Olivia Sifontes

Editorial Voces de Hoy

Destrucción de un país I
Segunda edición, 2020

Edición y diseño interior: *Josefina Ezpeleta*
Diseño de cubierta: *Rusela H.*

ISBN: 979-8596321906

Editorial Voces de Hoy
Miami, Florida, EE.UU.
www.vocesdehoy.net

Nota a la segunda edición

En el año 2009, una de las primeras personas que confió en nuestra casa editorial fue precisamente la autora de este libro que vio a la luz entonces, la periodista venezolana Olivia Sifontes. Quizás unos cuantos pensaron entonces que en unos años más lo que ella expresaba en estas páginas ya pertenecería a la historia.

Desafortunadamente, el pueblo venezolano aún sufre los desmanes de un DES-Gobierno y, padeciéndolo como lo padece la autora —al igual que muchos, aunque no hayamos nacido en tierra de Bolívar—, cumplió lo que entonces había prometido, seguir contando al mundo qué sucede en Venezuela y en lo que dolorosamente se ha convertido su país.

Es por ello que la Editorial Voces de Hoy decidió proponerle a Olivia no solo publicar *Destrucción del país II*, sino hacer una segunda edición de aquel primer libro, a cuyo título se agregó el «I»: *Destrucción del país I.*

Ambos títulos son el producto de una acuciosa investigación de la autora, y uno complementa al otro. Opino en lo personal que deben quedar pocos ojos «por abrir» y estamos seguros que tanto este primer tomo como el segundo, contribuirán a que se abran. Esperemos que el tomo tercero de esta serie no lleve el mismo título, sino quizás uno más alentador: «Reconstrucción de un país».

JOSEFINA EZPELETA
Editorial Voces de Hoy
Miami, octubre de 2020.

Este trabajo es la primera parte de un relato-recopilación, seguimiento a la prensa, de hechos sucedidos en una determinada época en Venezuela, entre 2007 y 2009. Se basa en información publicada en los medios de comunicación social venezolanos y algunos extranjeros, partes informativos policiales, estadísticas oficiales e información de boca a boca que los individuos ofrecen como testigos propios de las circunstancias y situaciones.

Es una pequeña contribución al lector de lo reflejado en páginas de periódicos, ondas radiales y transmisiones televisivas, sumando a las muchas herramientas que nos ofrece internet, espectro que cada día es más amplio e invalorable.

La próxima entrega será más amplia y con muchos otros temas que son la vivencia diaria de los venezolanos.

Olivia Sifontes

Se desvanecieron las esperanzas en Venezuela

«No hay mal que dure cien años ni cuerpo que lo resista». Es un decir muy usado por la gente de generaciones pasadas en Venezuela. Pero no luce que es la realidad de ese país. Si nos remontamos al siglo XIX, continuamos con todo el siglo XX y lo que ha transcurrido del XXI, la situación que lo envuelve hace actualmente más pesimista al ciudadano venezolano común. Porque las cosas positivas que podrían ser construcciones de grandes obras o nuevas leyes que beneficien a la mayoría, por ejemplo, son opacadas por toda la parte negativa que ocurre día a día. Nadie se ocupó de resolver los grandes y pequeños problemas que fueron en aumento en todos estos años. Al recordar esas épocas pasadas, notamos que las guerras de independencia lógicamente dejaron sus estragos, así como la sucesión de dictaduras militares, gobiernos «democráticos» y vuelta desde 1998, a la dictadura militar-socialista-comunista o quien sabe cómo llamarla, pero que demuestran que la nación no ha visto luz en todo ese tiempo. Prevalece un desinterés general adornado con la incapacidad, desorganización, unido a la corrupción de sus gobernantes, casi generalmente hablando.

¿Cómo puede la tierra donde se ha nacido cambiar tan radical y desfavorablemente en toda su estructura? ¿Cómo puede un país pasar de malo a peor en pocos años y todo claramente a causa de la política? Políticos que lo fueron destruyendo con su avaricia y malos objetivos. Con políticas que lo llevaron al abismo, sin casi esperanzas de poder reconstruirse. Venezuela está envuelta en un laberinto moral, humano y físico muy difícil de superar. Calles y vías intransitables de toda la vida, no solo urbanas sino rurales también, con los mejores insumos a la mano para arreglarlas. Al extremo que en el año 2007 el Gobierno envió asfalto en forma gratuita a otros países, para que arreglaran sus vías de comunicación terrestre. Y esos insumos no han dejado de producirse, al contrario, existen y aumentan cada día. Si en las ciudades el deterioro de carreteras es evidente, en el medio rural se dificulta sacar lo poco que se produce a los mercados de consumo, para sumar más escasez a la ya existente.

Esta condición es grave desde todos los puntos de vista. Lo más cercano para señalar sería en septiembre de 2009 cuando ocurrieron muchas lluvias fuertes en Caracas. El drenaje de aguas servidas cada vez se ha hecho más caótico por la falta de mantenimiento. Hubo tales inundaciones en toda la ciudad que en diferentes partes los vehículos resultaron literalmente cubiertos por las aguas. Varios días de lluvias causaron el caos que gobernó la capital venezolana, lo que se repite no solo en Caracas, sino en muchísimas otras partes del país, con cualquier aguacero que se presente, siendo este caso especial por lo fuerte y por el tiempo que duraron; aunque con precipitaciones cortas ocurren fenómenos parecidos.

En abril de 2009 el Instituto de Vivienda del estado Vargas informó que había adquirido veinte burros a la gobernación de Guárico para usarlos en el programa de rehabilitación de viviendas populares, ya que en el 80% de los casos, las zonas populares de esa entidad están en lugares de difícil acceso. No se ha planificado ni se planificará la construcción de carreteras ni autopistas. Señalaron las fuentes que usar esos animales como herramienta de carga les permitía ahorrar y atender otras viviendas que no estaban en el presupuesto inicial. Mejor dicho, es una muestra de la desorganización total. Para este caso en particular se instruyó a los vecinos en el cuidado y alimento de los burros. Así como en la construcción o reparación de viviendas se usan burros como medio de transporte en pleno siglo XXI, también en la agricultura son útiles para el Gobierno de Chávez. Es realmente una burla a la inteligencia de humana y que al final muchos se reirán de la ejecutividad de los gobernantes que ha tenido Venezuela durante la era Chávez.

Según cifras de la UNESCO, Venezuela encabeza la lista de países más violentos. El cuerpo de policía científico reveló que para junio de 2006, cuando la violencia no había alcanzado los límites sangrientos de 2009, un venezolano moría cada media hora por hechos delictivos. Pero las reales cifras oficiales no se dan a conocer. Se obtiene una aproximación de tan escandalosas estadísticas, sumando los muertos que ingresan a las morgues o los que aparecen en las notas de la prensa nacional.

Un columnista muy calificado se refirió en octubre de 2008 a las «plagas» que debían ser liquidadas para establecer las bases del futuro en Venezuela: el desmoronamiento institucional del país, con el sometimiento por parte del presidente de todos los poderes públicos; el estrangulamiento del aparato productivo, con estatizaciones, una economía deficiente, los ataques a la propiedad privada y los controles de todo tipo que han derivado en inflación, desempleo, escasez y más pobreza, agregado al gran gasto público y las masivas importaciones; el acoso sistemático a las libertades; criminalizando a la disidencia política, que influye negativamente en el emprendimiento económico; la desvalorización de la riqueza petrolera, con una imagen de suplidor conflictivo, sumado al deterioro acelerado de todas las instalaciones de una empresa que había sido modelo de organización y administración en el mundo; la conversión de Venezuela en un agente internacional belicoso que se invita a los conflictos en otras regiones, como los del Medio Oriente, o los de Rusia con Estados Unidos, Honduras y otros, lanzándose a la vez a una acelerada carrera armamentista; las fracturas múltiples que dividen a los venezolanos, chavistas, no chavistas y otras, que han empobrecido espiritualmente al pueblo; y, los venezolanos que ante una realidad tal, salen a otros destinos, ofreciendo sus conocimientos y destrezas en otros países que los valoran y utilizan.

Aquí es oportuno citar el gremio médico, tan golpeado desde que Chávez llegó porque desde el inicio trajo de Cuba miles de profesionales con la idea tal vez de erradicar a todos los galenos venezolanos. Ha sido como una obsesión, entre tantas que ha tenido. Ya es incontable el número de los que han abandonado a Venezuela. Son muchas las razones, sumadas a la actitud de Chávez, de agresiones directas físicas y verbales de sus seguidores, robos, intentos de secuestros, violencia en los hospitales al extremo que en el Clínico de Caracas a mediados de septiembre de 2009 asesinaron a tiros a un paciente en la cama cuando se recuperaba de una operación de heridas causadas en un encuentro hamponil. En el mismo hospital, durante un asalto, los delincuentes desnudaron a una médica. En marzo del mismo año, otro profesional de la medicina fue apuñaleado en otro centro hospitalario caraqueño, cuando realizaba su guardia. Los hospitales han sido centro de encuentro entre bandas, produciéndose tal caos que pacientes y familiares presencian tiroteos y hechos intensos difíciles de lidiar. Algunas protestas son apoyadas por los pacientes que salen a hacerles compañía a los profesionales. Cuando se trata de la inseguridad, después de ataques de delincuentes, el Gobierno dispone módulos con policías de guardia en hospitales, pero que son abandonados al poco tiempo y la situación sigue igual o peor.

Huelgas y protestas en centros hospitalarios a lo largo del país se repiten día a día, reclamando atraso en los pagos, sueldos justos, dotación de materiales y equipos, y peor aún, infraestructuras que van quedando pequeñas ante el crecimiento de la población. El modelo socialista de salud cubano que Chávez puso en práctica, fracasó. Ahora en 2009 va a inyectar más dinero a Cuba trayendo a sus médicos que solo les interesa lo que puedan devengar mensualmente para enviar cosas a su país, donde no hay nada.

Los venezolanos reclaman por qué no se atienden sus necesidades, mientras el presidente insiste en resolver las de Cuba, Bolivia, Nicaragua, Ecuador y otras naciones. Todos los programas de seguridad que han puesto en práctica en los últimos tiempos además de fracasar los descontinúan casi inmediatamente. Pasan cosas tan graves como los ajusticiamientos, que aumentaron en ocho años en 791%, los secuestros en 426%; las familias se someten a toques de queda después de las siete de la noche en sus casas evitando ser atacadas; más de 150 mil muertes violentas en 10 años; una madre desempleada que hizo una colecta de dinero, porque no contaba con los recursos para enterrar a su hijo que le mataron injustamente, solo porque transitaba por el sitio y el momento equivocados y por supuesto, ni municipios ni gobernaciones cuentan con ayudas para esos casos. Incluso hay funerarias que se oponen a prestar servicios cuando el muerto ha sido consecuencia de la violencia, porque se repiten los casos de tiroteos durante los velorios, sumando más víctimas de la delincuencia. Además, cientos de miles de armas están en manos de delincuentes, violencia y más violencia.

En cuanto a la producción de alimentos, en más de 590 fincas intervenidas desde 2006 hasta 2008, se han afectado más de 2 millones de hectáreas de terreno, de las 6 millones de hectáreas que Chávez cataloga como latifundios o tierras improductivas en el país. Pero son muy pocos los casos, según voceros de la Federación de Ganaderos, que el Gobierno ha reconocido y pagado mejoras o bienhechurías en propiedades que sí generaban productos, pero que luego de ser intervenidos dejaron de producir.

Chávez anuló el poder de alcaldes y gobernadores opositores a su Gobierno, a fuerza de leyes aprobadas por la Asamblea Nacional, despojándolos de todas sus competencias y recentralizando puertos, aeropuertos y autopistas, cuyos ingresos pasaron a sus manos. Cerró el acceso que tenían las empresas a los dólares lo que redujo y anuló totalmente el poco poder económico que les quedaba para producir. Puso de rodillas al comercio y a las actividades privadas, eliminando así cualquier independencia de su régimen, para lo cual utiliza al instituto que se encarga de la recolección de impuestos y el de «protección al consumidor», para cerrar los negocios y terminar con el libre comercio.

Allana, ocupa, interviene, expropia toda fuente de producción agraria, ganadera o agroindustrial. Toma tierras productivas, extermina haras y fincas de producción o de recreo, se apodera de silos y plantas en plena actividad. Le pone la mano a lo que otros con mucho esfuerzo y años producen, bajo la sospecha de golpistas porque no quieren trabajar a pérdida. De esa manera no realiza planes de producción en el país, les quita a los que lo hacen e importan lo demás. En enero de 2009 fuentes del sector agrícola señalaron cuatro años después del inicio de las intervenciones y expropiaciones de tierras por parte del Gobierno de Chávez, que las mismas no se estaban trabajando o estaban en estado de casi abandono. Muchas de esas tierras fueron repartidas en parcelas, algunas revendidas ilegalmente, porque los grupos de campesinos abandonaron el campo. Toda la ocupación ha sido hecha con desorganización y en forma individualizada, y de muchas tierras productivas antes, hoy solo queda desolación.

En el año 2004 la importación de productos para el consumo era de 1%, en 2009 llegó a 62%. El país dejó de ser autosuficiente en carne para 2004, en 2009 se traía carne hasta de

Chile, llegándose a 179% la importación del rubro para el primer trimestre, unas 380,083 toneladas. Todo según fuentes de las agrupaciones ganaderas del país.

Además de que la producción de bienes casi ha desaparecido en el mandato de Hugo Chávez, los expertos explican que las grandes importaciones representan el gran negocio para sus amigos, con su mirada complaciente. Los animales que llegan se entregan solo a los seguidores políticos del Gobierno, gente sin preparación y asesoría adecuada, que dejan morir a la mayoría del ganado recibido. Lo contrario hubiera pasado si los beneficiados fueran los ganaderos tradicionales, quienes conocen el negocio y que han demostrado responsabilidad durante toda la vida.

Fuentes de los mismos ganaderos hicieron referencia a que el negocio de la importación de carne hizo millonarios a muchos comerciantes amigos de Chávez. Al parecer se crearon mafias no solo para la carne, sino para la importación de leche en polvo y otros rubros. Hubo una importación por ejemplo de más de un millón de toros en pie, pero la gente se preguntaba dónde estaban esos animales o esa carne. Como no ha habido organismo que investigue, no se sabe si el ganado llegó a Venezuela o fue desviado a un tercer o cuarto país. Lo que sí se supo fue de la sobrefacturación y de mucha gente nueva rica a costa de la importación de este rubro.

Estadísticas de la Comisión de Administración de Divisas en Venezuela (CADIVI), dieron cuenta de la dependencia de las importaciones de alimentos que se acentuaron en 2008, y suponía que ese año la cifra llegaría a cinco mil ochocientos cuarenta y tres millones de dólares; demostración real que el Gobierno de Chávez acabó con casi toda la producción industrial en Venezuela y hasta septiembre de 2009 todavía, no había hecho planes para cambiar o mejorar la situación. Solo se ocupa de firmar acuerdos con otras naciones que necesitan petróleo y de viajar de cumbre en cumbre, reuniones que tanto criticó asegurando que sus acuerdos nunca se cumplían. Las de ahora, donde aprovecha de viajar —él y su séquito— como el mejor burgués con comodidades de multimillonario, tampoco le traen ningún beneficio a Venezuela.

Sin embargo, las compras en el exterior no han mejorado en mucho la situación de la demanda de productos en Venezuela. Sigue la escasez entre otras cosas de leche, carne, pollo, huevos, aceite de maíz, papel sanitario.

El modelo productivo socialista de Chávez ha sido todo un desastre. De fracaso en fracaso y violando la Constitución, hizo al Estado controlar en forma total las actividades productivas con valor estratégico para el desarrollo del país. Incentivó las cooperativas a pesar de que a lo largo de su Gobierno esos grupos fracasaron de manera estruendosa en centenares de ocasiones. Chávez aporta millones de bolívares y los proyectos se van a la ruina. La Carta Magna señala que «el Estado promoverá la iniciativa privada, garantizando la creación y justa distribución de la riqueza, así como la producción de bienes y servicios que satisfagan las necesidades de la población». Pero uno de los principales objetivos de este mandatario ha sido acabar con la propiedad privada desde todos los puntos de vista.

Silencia a los medios de comunicación, a periodistas, columnistas y a quienes protestan los atentados contra la democracia y lo establecido en la Constitución Nacional. Y con mucho énfasis siembra el terror, la desconfianza y la incertidumbre en todos los venezolanos, aún en sus seguidores.

Sus incontables viajes han creado la situación más inverosímil jamás pensada. Todos le temen, o algunos; otros están «serruchándole» el poder. Unos no hacen nada porque temen que cuando regrese de una de sus cumbres o visitas, se queje hasta frente a las cámaras de televisión, porque lo hicieron mal. Otros, no hacen nada porque tienen oscuras razones o porque de esa manera ejercen su venganza contra alguien que los tiene pisoteados y está actuando mal a los ojos de todos.

Chávez no confía en nadie y nadie hace nada realmente para justificar su trabajo o para justificarse ante él. Otros burócratas son tan ineficaces que aprovechan el vacío de poder que Chávez deja casi todos los días o tantas veces, para vivir felices y solo acumulan riquezas ellos y sus allegados. Cuando estalle la bomba, estarán o tendrán bien gordo su «buche».

Un periodista dijo en su periódico semanal que la administración pública venezolana se convirtió en una «academia de sordomudos», porque nunca están o porque están esperando a que «llegue el presidente para actuar». Y como nunca está, nunca se hace nada. Sumado esto a que muchas de las personas que desde el principio ha destinado Chávez en cargos importantes y han fracasado, luego les mejoran el cargo o los envían como embajadores a otros países, a vivir mejor, aunque de diplomáticos no tengan ni la menor idea.

Lo hace restringiendo el acceso a dólares para salir del país, retrasa la entrega de pasaportes a menores de edad o cupo en universidades públicas; usa lo que sea para atemorizar. El que se atreva a protestar está expuesto a que Chávez ordene le quiten todo, porque nadie puede ni hablar ni contradecir a los jerarcas. Al extremo que el número de periodistas encarcelados o perseguidos por cualquier delito inventado o por haber opinado, aumenta cada vez. Con la cara bien dura al ofrecer declaraciones en el exterior, asegura que en su país no se encarcela a nadie, que no cierra medios de comunicación, que no se persigue a nadie. Pero realmente lo hace con voz de bueno, diferente a la que usa cuando ofrece las interminables peroratas por televisión a los venezolanos.

El mandatario cuenta con 6 canales de televisión, 110 páginas web, 35 emisoras comunitarias abiertas, 231 emisoras comunitarias en FM y 76 en AM, 73 periódicos comunitarios, para un total de 537 medios.

La falta de médicos y profesionales de la medicina han hecho cerrar centros de salud a través de todo el territorio. Falta de insumos, agua, electricidad, infraestructuras y sumado a la inseguridad dentro de esas instituciones, las han convertido en un centro de preocupación más, a pesar de los billones de bolívares que supuestamente se han invertido, pero que evidentemente fueron substraídos por manos poderosas o invertidos en otros sectores que les han dado más dividendos políticos o económicos a quienes los manejan.

Con impavidez Hugo Chávez dijo en septiembre de 2009 frente a las cámaras de televisión que el sector salud estaba en crisis y lo declaró en «emergencia». Esto fue reconocer su incapacidad demostrada durante más de diez años. ¿De qué manera sus seguidores pueden justificar esta ineptitud? ¿Es que ellos no se enferman ni tienen que utilizar los servicios médicos inservibles en cualquier parte del país? Se pudo conocer que el Gobierno había invertido hasta principios de 2009, DOCE BILLONES de bolívares para el sistema de salud, pero no se sabe dónde están. Algunas instituciones médicas en septiembre del mismo año tenían servicios en reparación, trabajos que tenían de estarse ejecutando hasta dos o tres años. Pero si terminan una obra, no hay dinero luego para la dotación de materiales y equipos.

Debe recordarse que desde que llegó al poder Chávez trajo miles de «médicos» cubanos y estableció un sistema paralelo de salud, desatendiendo toda la estructura que se había formado en Venezuela por años en este campo. Creó misiones atendidas por los cubanos y que pasado el tiempo muchas fueron abandonadas, pero que desde un principio no contaron con los requerimientos reales para prestar un servicio tan importante para la gente. A este respecto un vocero de la Federación Médica Venezolana cuestionó las motivaciones de la emergencia sanitaria declarada por el presidente en octubre de 2009 y la calificó como una «hipocresía», pues asegura que Chávez conocía muy bien la situación de los centros públicos de salud y de las misiones.

El Observatorio Comunitario por el Derecho a la Salud informó en septiembre de 2009 que entre agosto de 2008 y agosto de 2009 se pudieron evitar 243 muertes, pero la insuficiencia de personal, medicamentos, estructuras y equipos, no lo permitieron. A eso se sumó, agregó el informe, el ruleteo[1] de los centros médicos y la falta de ambulancias.

Hubo un caso bien significativo, el de una mujer en trabajo de parto que la enviaron de hospital en hospital, hasta completar cinco establecimientos sanitarios durante veinticuatro horas. Mientras, Chávez dijo a finales de agosto que el ruleteo era planificado por los dueños de clínicas privadas para que las parturientas pagaran por la atención, sumado a que allí se registraba un alto índice de cesáreas, procedimiento que es aún más caro. Todo el mundo debe notar con estas palabras que demuestra su real incapacidad de enfrentar los problemas y la desidia que durante diez años ha mantenido ante la gran responsabilidad que su cargo requiere.

Irónicamente el mandatario aseguró en 2007 que de cada barril de petróleo se utilizaría un dólar para la salud. De nuevo preguntamos ¿qué hicieron o quién se robó ese dinero? Porque el 60% de la población no ha podido pagar los gastos de un seguro, mientras de 30 a 90% del presupuesto público se destina a pólizas HCM[2] para proteger a los funcionarios públicos; el Estado es el principal comprador de servicios privados en el país; las clínicas privadas han llegado a colapsar con la afluencia de pacientes que no son atendidos en hospitales públicos; en 1999

---

[1] Es cuando a los pacientes no los atienden y los mandan de hospital en hospital. *(N. del A.)*

[2] Se refiere a pólizas de Hospitalización, Cirugía y Maternidad. *(N. del E.)*

se dijo que el presupuesto a través del ministerio correspondiente aumentaría a 10%, pero en 2009 no superaba el 2.5%. Ya no se habla de fallas en hospitales, sino de cierre de servicios.

En cuanto a la resolución de Chávez de traer un nuevo contingente, unos dos mil médicos cubanos al país para reactivar las misiones, el vocero consideró que era más una medida política que sanitaria, porque lo mismo ocurrió con el primer grupo de cubanos, que coincidieron con épocas electorales, porque vienen a realizar un trabajo proselitista.

Los balances que se hacen en salud, educación, cárceles, morgues, servicios públicos, vivienda, seguridad, producción, propiedad privada, basura, salarios, todo, ha desmejorado o empeorado en estos últimos años. Ha habido un declinar en las instituciones del país y lo más evidente que se percibe es el gran poder que una sola persona, el presidente, tiene ante todos. Se nota claramente que los funcionarios públicos a todo nivel no se preocupan por demostrar que pueden hacerlo bien, porque si no hacen nada o al contrario, contribuyen a desmejorar, no pasa nada. Chávez paga esa ineficiencia nombrándolos en otros cargos mejores, como lo ha demostrado en el enroque a través del tiempo, de trabajar con los mismos, con un grupo bien reducido, casi todos sin formación ni experiencia. Su más notorio modelo es el canciller de la República: un ciudadano cuyas credenciales educativas y formativas son: grado de bachiller, chofer de autobuses del metro de Caracas y representante del sindicato de ese organismo. La otra gran mayoría de quienes han ejercido las riendas del Gobierno, son militares de bajo rango, tenientes, tenientes coroneles, capitanes. En esas manos ha estado el destino del país últimamente. Chávez acabó con la meritocracia y la capacidad de las personas con formación educativa y experiencia, al parecer porque mientras menos educación, se puede ser más servil. Realmente, hay poquísimas excepciones en este sentido.

Hubo quien habló de mafias:

> ...compuestas por bolivarianos, filo marxistas de uña de gato, en cargos claves; Chávez cuya presencia testimonia cómo se puede mezclar militares y zurdos para producir coroneles leninistas, a los que se les puede coger cría para exhibirlos en el nostálgico circo de las revoluciones imposibles.

Agrega que debajo de los jefes, de los que aparecen en primer plano y muestran sus galones, existe una estructura mafiosa que ha atrapado el control, estructura que es instrumento privilegiado de los bolivarianos de alcurnia, para ejercer, en propiedad, el poder y disfrutar del botín. Citó el caso del maletín con ochocientos mil dólares decomisado en el aeropuerto de Buenos Aires que unos venezolanos llevaban para quién sabe qué propósito, pero cuyos motivos se aseguró eran para ser utilizados en la campaña electoral de la actual presidenta, Cristina Kirchner. Lo que sí es cierto es que este caso involucró a jefes y no jefes, a quienes ningún organismo del Estado venezolano abrió averiguación, demostrando la gran complicidad que ha caracterizado al régimen chavista. No se conoce de casos investigados ni la detención de quienes evidentemente cometen delitos pero están ligados al Gobierno, lo que sí está allí, a la vista de todos, son las pruebas que diligentemente acumula la fiscalía y las policías, muchas sacadas de nadie sabe dónde, para condenar a los disidentes y contrarios políticos al régimen, a pesar de que se han hecho centenares de denuncias ante las autoridades competentes, con la presentación de las debidas pruebas.

El aumento de la inseguridad, la corrupción y el narcotráfico envuelven el panorama venezolano para 2009, cuyas bases se fortalecieron con el apoyo definitivo de Hugo Chávez. Su incapacidad creciente nos muestra que la poca claridad con la que cuenta la ha centrado en someter a todos los poderes públicos a su voluntad, lo que refleja que quienes se han dejado subordinar, son aún más ineptos e incompetentes que él.

En cuanto al sector educación las cosas fueron empeorando cada vez. Es tal el desastre que el mal estado de la infraestructura de las escuelas en todo el país llegó a casi 100% según informes presentados por organizaciones gremiales y de representantes. El programa de alimentación escolar se vio afectado en muchas partes, por lo que el inicio de clases en el 2009 en esas entidades no se llevó a cabo según los planes oficiales y se tuvo que posponer. Se necesita construir cinco mil unidades educativas para cubrir el déficit y permitir el acceso a alumnos de educación primaria y secundaria.

La Asamblea Nacional aprobó una nueva Ley de Educación que despertó el rechazo de casi toda la población, principalmente porque no contó con la opinión de los sectores relacionados y porque según hasta el mismo Chávez dijo, era un instrumento de dominación ideológica porque aseguró públicamente que el aula de clases sería escenario para combatir la «dictadura de los medios de comunicación». Además, acusó a autoridades universitarias y a representantes de gremios docentes de defender un «modelo de educación capitalista», cuando rechazaban el nuevo instrumento legal.

Falta de cupos, deserción escolar, déficit de recursos para dotación de las escuelas con material didáctico, material de oficina, productos de limpieza, pupitres, pizarrones, tizas y el fortalecimiento de las comunidades educativas; planteles en mal estado, desmotivación laboral; programas de alimentación paralizados; infraestructura en pésimas condiciones por el retraso en las obras de acondicionamiento y construcción de nuevas edificaciones (igual que en salud). Mejor dicho, a diez años del Gobierno de Chávez, las escuelas de todo el país en 2009 es la prueba evidente de la improvisación, ineficiencia y corrupción de su mandato.

Las cifras dadas por organismos oficiales y particulares en septiembre de 2009, son impactantes: cincuenta por ciento de los planteles públicos estaban dirigidos por directores y subdirectores interinos; en los últimos años la deserción escolar llegaba a cientos de miles de niños y cientos de otros miles que no completaron el noveno grado. Solo en el período escolar 2007-2008 salieron del sistema noventa y cuatro mil doscientos ochenta y dos alumnos.

Es frecuente ver en los programa de denuncia en la televisión, clases dictadas en galpones o debajo de un árbol. Hubo el caso en Guarenas, cerca de Caracas, donde los alumnos de un liceo recibían clases en un galpón que había pertenecido a un depósito industrial, pero sin techo, y tras una serie de protestas lograron que se lo colocaran. El sitio no tiene divisiones y los ruidos de cada grupo interrumpen las labores de los otros. Pero para completar esta obra de Chávez, hay que señalar que los mil estudiantes de este liceo no tienen canchas deportivas, ni laboratorios, se cayeron las paredes de los sanitarios de varones que eran de metal y estaban totalmente oxidadas, lo que por supuesto, obligó a suspender las actividades. Igual sucede cuando no hay agua, no puede haber clases porque no se pueden limpiar los baños. La situación planteada por los mismos alumnos agrega que no cuenta con personal de limpieza; una señora hace esas labores una vez a la semana, la comunidad educativa le da una pequeña ayuda económica como compensación y a final de año los profesores hacen una colecta para hacerle un regalito. Durante los fines de semana se programan jornadas de limpieza entre la comunidad de la escuela ayudados por los vecinos. Pero para contar con todos los males, la inseguridad sí los ataca: diecisiete veces fue robada la escuela en un año, situación que denunciaron al Ministerio de Educación y les asignaron un vigilante. A estas alturas lo que necesitan es una nueva sede. Solicitaron ayuda a la alcaldía, les aprobaron la designación de un terreno y al poco tiempo, ¡se lo quitaron!

Si hablamos de educación especial, es realmente triste mencionar la situación. No hay suficientes escuelas para atender la creciente demanda. Un solo ejemplo: en Miranda, el exgobernador Diosdado Cabello prometió la construcción de una escuela en cada municipio para esa población, pero dejó el cargo, ahora es ministro de unos cuantos despachos, entre ellos el de Infraestructuras, y no había hecho nada hasta 2009. En todo el país la educación especial está abandonada por parte del Gobierno de Chávez.

En diez años se acumularon tantos problemas en el sector educativo que ahora es muy difícil solucionarlos, principalmente porque el Gobierno no cuenta con los recursos, tras el despilfarro, ineficiencia, improvisación y corrupción de tanto tiempo.

Durante los años 2005, 2006 y 2007, Chávez gastó más de siete mil quinientos millones de dólares en armas, pero los soldados venezolanos siguen sin seguridad social, sin viviendas y a muchos de ellos hasta botas y uniformes les faltan.

La Federación de Centros Universitarios de la Universidad Central de Venezuela se dio a la tarea de comparar los gastos de Chávez y las necesidades de esa Casa de Estudios. En este escrito haremos referencia a algunos casos de los que envuelven las grandes corrientes subterráneas putrefactas de un Gobierno que no ha mostrado ni la mínima preocupación por solventar los problemas de su gente, pero que sí ha beneficiado a un círculo cercano al presidente, situación que se evidencia cada día más. Dicen que con lo que cuestan tres baterías antiaéreas que tiene Chávez para defender al palacio presidencial y La Casona, podría haberse recuperado y dotado el edificio donde funcionan varias escuelas en la Universidad Central. El precio de un solo helicóptero ruso MI35 equivale a 16,125 estudiantes ucevistas becados a quinientos bolívares cada uno por año, incluyendo servicio de transporte, biblioteca y comedores bien dotados. Y eso es solo un pequeño ejemplo.

¿Por qué Chávez?

Pero ¿qué ocurrió desde 1998 en adelante en Venezuela? La gente decepcionada, harta, desilusionada y hasta obstinada, decidió ir a las urnas y votar por una persona que había intentado dar un golpe de estado, tumbar el Gobierno democráticamente constituido porque no servía según él, y tomar el poder. Esa persona, Hugo Chávez, estuvo en la cárcel por la intentona golpista y uno de los presidentes «democráticos», lo liberó antes de haber sido sentenciado, después de estar dos años allí sin juicio.

Era la esperanza, tal vez la última ante tantos gobiernos fallidos. Todos o casi todos votaron por él. Y ganó. E inventó una serie de elecciones con cualquier motivo y seguía ganando. Para muchos, con fraude en las máquinas de votación, pero no se lo pudieron comprobar. Fue en diciembre de 2007 que cuando inventó una reforma para cambiar nuevamente la Constitución de un país democrático a uno comunista y dictatorial, y erigirse presidente vitalicio, cuando perdió la primera elección, aunque con un porcentaje reñido, que tuvo el buen criterio de reconocer. Posteriormente ese documento de reforma (el rechazado por la mayoría de los venezolanos) ha sido poco a poco puesto en práctica a fuerza de leyes aprobadas por una Asamblea Legislativa formada en su mayoría por oficialistas, quienes creen que conformando leyes se resuelven los problemas, pero que sí lo hacen para su beneficio. Tal decisión produjo grandes manifestaciones de rechazo por el pueblo a través de protestas públicas y la encarcelación de muchos ciudadanos. Según una organización de derechos humanos, hay «una ola de persecución y represión» contra quienes se oponen a las políticas y leyes del Gobierno; son los presos políticos de Chávez hasta septiembre de 2009, convirtiendo a Venezuela según esa organización, en el segundo país de Latinoamérica con más presos y perseguidos políticos después de Cuba, unido a más de dos mil procesados por las mismas circunstancias.

En este sentido, en el acto del bautizo de su libro *La década crítica de la economía venezolana (1998-2007)*, el economista y ex-director del Banco Central de Venezuela, Domingo Maza Zavala, aseguró que el Gobierno de Hugo Chávez había dejado pasar la más brillante oportunidad de la década, al no invertir los ingentes recursos del petróleo en la transformación del país. Su obra se refiere a las crisis que el país ha vivido pero que han ido en aumento en momentos de bonanza petrolera. Señala que el problema se agravó por el

> empeño de Chávez de implantar contra la voluntad de una mayoría social un sistema económico que nadie comprende y que no ha sido satisfactoriamente explicado ni mucho menos realizado, como es el llamado socialismo del siglo XXI.

La situación se agrava cada vez más. En su balance de mediados de 2009, el Banco Central de Venezuela (BCV) establece pérdidas enormes, lo que hizo acumular resultados negativos de ciento noventa millones de bolívares. Los activos reales se ubicaron en 177,222 bolívares y sus pasivos totales en 162,628 dólares, con un déficit de casi 50,000 millones de bolívares. La morosidad amplia alcanzó 42.68%, considerado por los expertos como una barbaridad. Para completar el oscuro panorama, para la misma época el Fondo Monetario Internacional (FMI) informó que estaba inyectando dinero a los países subdesarrollados, correspondiéndole a Venezuela 3,569 millones de dólares, lo cual apareció reflejado en el balance del Banco Central de Venezuela para el 31 de julio de 2009. Es una barbaridad porque debemos recordar nuevamente que Chávez recibió por venta de petróleo en sus primeros diez años de Gobierno, aproximadamente la astronómica cantidad de 900,000 millones de dólares, los cuales se ven mejor reflejados en los regalos que ha hecho a sus amigos, los presidentes de otros países, porque Venezuela tiene todo igual o peor que cuando llegó él al cargo. Y este mandatario aseguró que el país se había liberado del yugo del FMI y de todas esas organizaciones capitalistas y subyugadoras.

Los defensores del Gobierno chavista pregonan que en su país todo sigue igual que antes. Que la gente anda en carros nuevos, está en las tiendas comprando lo que quieren, viajan cuando lo desean y todo se ve normal. Es cierto, para mediados de 2009 había un circulante notable en todo el país, como lo hubo en años anteriores en este Gobierno de Chávez. Sin embargo, los expertos que saben de la materia sostienen que todo se debe a que Chávez estaba gastando las reservas del Estado para su proselitismo político y dándole a la gente dinero a manos llenas.

Esto es un panorama fantasma, porque el país no produce nada, solo petróleo con una industria en caída acelerada y más de cuatro mil quinientas empresas cerradas en diez años. Aquí lo único que queda es esperar, a ver hasta cuándo tal situación insostenible puede llegar.

El Banco Mundial (BM) informó a mediados de 2009 que Venezuela ofrecía una de las peores condiciones para la creación y desarrollo de nuevas empresas y la colocó en la posición #174 entre un total de 181 países analizados. Las razones que dio fueron: leyes laborales muy estrictas que impiden a las empresas despedir trabajadores cuando desmejore su situación económica; nuevos impuestos a las empresas, aumentando el costo de hacer negocios y el tiempo que se requiere con las leyes fiscales. Estimaron que una compañía venezolana promedio tiene que hacer al año 70 pagos de impuestos, más 864 horas en esas actividades administrativas durante los 12 meses. Los mejores países para invertir, según el BM, fueron Singapur, Nueva Zelandia y Estados Unidos.

El 5 de mayo de 2008 Chávez aseguró que el Gobierno revolucionario trabajaba 24 horas para garantizar salud, seguridad, vivienda y los servicios básicos como electricidad, teléfono y agua. Toda esa belleza a una semana del apagón que dejó sin electricidad a casi todos los estados del país, por falta de mantenimiento en las conexiones, según los expertos desde Guayana, donde se produce la mayor cantidad del fluido eléctrico que abastece a la nación. Pero los apagones continuaron, hay innumerables interrupciones diarias en muchas localidades. Por ejemplo, en septiembre de 2009 se registró una falla eléctrica que afectó cerca de la mitad del país, generando graves problemas en el tránsito terrestre, operatividad en el metro de Caracas y cierre de empresas y comercios, tanto en la capital como en estados centrales y occidentales. Los representantes de la empresa eléctrica admitieron que se «trató de una interrupción que trajo inconvenientes a la población producto de una falla de la misma situación del sistema». Al parecer cuando arreglaban una falla en una de las plantas eléctricas, ocurrió una segunda caída del sistema que abarcó muchos más lugares sin el servicio. Se conoció por los medios de comunicación que las plantas estaban sin mantenimiento desde hacía mucho tiempo, con equipos obsoletos que debían cambiarse a un costo altísimo que el Gobierno no podía cubrir por falta de presupuesto en esos momentos.

Ha habido escasez de todo. Miles de venezolanos desesperados se manifiestan en todo el territorio nacional exigiendo seguridad, viviendas, trabajo, cumplimiento de contratos colectivos y alimentos. Y también por la desigualdad, violación de los derechos humanos, agua, transporte, vialidad, electricidad, salud y por la falta de oportunidades para superarse. Se llegaron a contar más de 2,000 protestas públicas en Venezuela desde enero a septiembre de 2009, el Gobierno los reprime cada vez con bombas lacrimógenas y agua lanzada desde vehículos especiales para eso, además de encarcelar a unos cuantos por reclamar sus derechos, llegando a 47 presos políticos hasta septiembre de 2009. Las protestas se repiten simultáneamente en varias ciudades del país en reclamo de las necesidades básicas para llevar una vida normal. La gente toma las calles exigiendo a las autoridades la solución a sus problemas, se cierran carreteras y calles por horas con el consecuente caos vehicular. Y los motivos de esos reclamos se repiten a través de los meses y los años, porque Chávez no resuelve los problemas.

La Constitución Nacional establece un modelo de país que se podría, si se siguieran sus lineamientos, hablar de felicidad. Pero Chávez propuso un modelo de desarrollo de un pensamiento único, con un único partido, cerró un canal de televisión que luego se le convirtió en *boomerang*, porque los analistas aseguraron que la pérdida del referendo en diciembre de 2007 tuvo mucho que ver con esa desacertada decisión. Antes de Chávez en Venezuela se respetaba la concepción de un pensamiento universal. Él quiso cambiarlo, trató de desarrollar un proyecto unipersonal donde todos los poderes e instituciones respondían a su mandato. No es un socialismo, porque países con ese modelo han demostrado un desenvolvimiento completamente distinto al que este caballero desarrolla. En un modelo socialista debería de haber seguridad social, cambios profundos favorables para toda la ciudadanía, lo contrario a lo que ocurre en Venezuela. Eso es lo que se ve y palpa y así lo señalan todos los analistas y ciudadanos que tienen oportunidad de hablar públicamente, agregando que todo lo que se crea y desarrolla es solo para aumentar la corrupción galopante y destructiva, la improvisación y la ineficiencia,

Chávez dividió a Venezuela en dos partes. Los que lo aplauden como simios y vestidos de rojo cada vez que dice algo favorable o no para el país, y los que se le oponen completamente y que quieren mejoras, como pluralidad, cambios favorables y que todos tengan derechos, que al final es la mayoría.

En mayo de 2008 empresas encuestadoras serias de gran tradición realizaron estudios en todo el país, y preguntaron a un significativo número de ciudadanos: ¿Quién cree Ud. que es el principal causante de los problemas de Venezuela? Tres de cada diez venezolanos (30.1%) le asignaron esta responsabilidad a Hugo Chávez. Como desde hacía mucho tiempo venía hablando de reelección —a pesar de haber gobernado por dos períodos como lo establece la Constitución—, además de que la idea fue rechazada en el referendo pasado, también se hicieron encuestas para medir la aprobación o no de la ciudadanía sobre ese asunto. Más del 60% de los encuestados rechazó la tercera elección. Solo el 28% al equivalente de la base social de apoyo incondicional del chavismo apareció queriendo un tercer mandato. Más del 50% de los venezolanos, según esas mediciones, se autodefinió como independiente, o sea «ni chavista, ni opositor», pero muchos sostuvieron una gran frustración por los escasos resultados que el Gobierno había ofrecido en todos esos largos años.

¿A dónde recurre la gente para informarse de lo que sucede? A través de todos los tiempos, los medios han sido la forma más expedita, segura y a la mano, con que se ha contado. Y mucho más hoy, en los tiempos actuales cuando el adelanto de las comunicaciones y la globalización nos permiten traspasar fronteras para conocer lo que sucede en cualquier parte del mundo.

Cuando se quiere ocultar verdades, como en el caso de Chávez, se cierran y clausuran esos mecanismos comunicacionales. En Venezuela el Gobierno intervino y se adueñó de los equipos de Radio Caracas Televisión, el canal televisivo más antiguo y lo sustituyó por uno que no ha subido el *rating* del 1%, según los expertos. A mediados de 2009 clausuró 34 emisoras de radio de las más de 200 que ofreció cerrar. Pero la gente hasta constituyó comités «radio bembas», porque nada quedará oculto a pesar de sus esfuerzos para acallar las informaciones sobre sus desmanes y de sus burócratas.

Ya desde el principio, Chávez mintió. Dijo que no era socialista, que no nacionalizaría ninguna empresa, que no cerraría canales de televisión ni emisoras de radio, que no quería estar en el poder para siempre. Y lo hacía en cadena nacional de radio y televisión, donde todo el mundo lo oía y veía. Y a través de los diez años ha hecho todo lo contrario. Se cuestionó su ayuda a terroristas. ¿Es mentira su relación con ellos? ¿Que no ha dado apoyo financiero, militar, político y moral por lo menos a las Fuerzas Armadas de Liberación de Colombia, FARC y otras organizaciones terroristas? ¿Por qué Chávez no lo desmiente públicamente?

Conexión de Chávez con drogas y guerrillas

A continuación relataremos una parte de ese mundo de misterio y contradicciones que en los últimos años ha venido preocupando a muchos venezolanos por la peligrosidad que representa. La relación del presidente venezolano con el narcotráfico, el terrorismo y la narco guerrilla.

Hugo Chávez reconoció públicamente el once de enero de 2008 en cadena nacional en su discurso anual ante la Asamblea Nacional, que era amigo de las Fuerzas Armadas Revolucionarias de Colombia (FARC) y el Ejército de Liberación Nacional, ELN. Y justificó la existencia de los dos grupos armados definiéndolos como verdaderos ejércitos con un proyecto político que aquí (léase él), son respetados. En ese discurso planteó la necesidad de reconocerle a la FARC su condición de beligerante y solicitó a los gobiernos que los tenían en una lista de terroristas, los sacaran de allí. El dos de marzo de 2008 pidió un minuto de silencio por la muerte de Raúl Reyes, el segundo en el mando de la FARC, ocurrida en territorio ecuatoriano donde tenía un campamento, asegurando que el guerrillero no era narcotraficante, ni le correspondía ningún otro descalificativo, porque solo fue un buen revolucionario.

Venezuela también ha sido víctima de los ataques del grupo subversivo. El 18 de septiembre de 2006, las FARC irrumpieron en Apure, en La Charca, y mataron a 5 efectivos militares, a una ingeniera de PDVSA de 24 años y 3 personas quedaron heridas. Según el comandante de la Guarnición del Táchira, la comisión mixta estaba realizando una inspección exploratoria en el río Zarare, cuando fue sorprendida por unos 20 irregulares. Este fue uno de los encuentros armados que dejaron venezolanos acribillados por los grupos guerrilleros en la frontera colombo venezolana. Al día siguiente, el 19 de septiembre, el ministro de la Defensa Jorge Luis García Carneiro, en nombre del Gobierno de Chávez, declaró:

> Nosotros en estos momentos estamos presumiendo que sean paramilitares con narcotráfico; por la forma de actuar es el tipo y *modus operandi* de este grupo. Vamos a seguir evaluando la situación y esperamos poder definir todo lo más pronto posible, a qué grupo se le pueda atribuir esta responsabilidad.

Tres años después sin embargo, el 16 de septiembre de 2007, en uno de sus programas dominicales, Chávez admitió la responsabilidad de la guerrilla colombiana en el hecho. Dijo:

> Las mismas FARC nos habían matado unos militares, un subteniente, soldados y una ingeniera que andaban haciendo mantenimiento a unos pozos. Las FARC les entró a tiros cuando iban en una canoa. Ellos dijeron que fue un error. Yo les hablé muy duro por supuesto y provocaba irse allá a vengar la muerte inocente de unos compañeros, pero uno llora a sus muertos. Pero es producto de ese conflicto en Colombia. También los paramilitares nos hicieron mucho daño.

Cuando se habla de los vínculos de Chávez con las FARC, esta declaración deja mucho que pensar al respecto. Él dice que se comunicó con ellos y les habló duro. Precisamente el 21 de mayo de 2008, miembros del Parlamento Estudiantil venezolano asistieron a la Asamblea Nacional solicitando aclarar los hechos de esa matanza en 2006 y los vínculos de Chávez con las

FARC, asesinos que han matado a través de cuarenta años a muchos venezolanos. No se supo de ninguna respuesta.

Chávez llevó a Venezuela como invitado de honor a Iván Marquéz, dirigente del grupo guerrillero y lo presentó en las escalinatas del Palacio de Miraflores, casi como un jefe de estado, a pesar de su juramento en Cartagena, Colombia, que textualmente dijo:

> Por Dios y mi madre juro, que no soy amigo de una fuerza enemiga de este Gobierno amigo. Soy un hombre de honor. Si apoyara a la guerrilla colombiana o grupos subversivos, lo diría aquí en Cartagena, pero no lo he hecho ni lo haré.

Al parecer esa relación venía de bien lejos. El 19 de agosto de 1999, Ramón Rodríguez Chacín, encargado entonces del Proyecto Fronteras y luego en 2007 nombrado Ministro de Interior y Justicia, presentó un proyecto de cuenta a Chávez, donde se establecía una serie de compromisos (llamados en el escrito «contraprestación») que el Gobierno venezolano cumpliría a la organización guerrillera FARC. Este documento ha sido publicado en varios medios de comunicación venezolanos. Entre esos compromisos estaban:

- Medicamentos especiales.
- Venta de petróleo.
- Apoyos especiales.
- Registro y contratación de empresas en el área bancaria (Banco de los Pobres).
- Agropecuaria.
- Construcción de viviendas y salud.
- Programa de desarrollo agropecuario en la zona fronteriza.
- Apoyo para asilo y tránsito.

Sobre este mismo asunto, el 21 de febrero de 2008, una periodista venezolana dio a conocer la entrevista realizada a un desertor de la FARC y transmitida por televisión. El joven le reveló que había sido utilizado por sus superiores durante su estadía en la organización guerrillera, para recibir alimentos, medicinas, aparatos y víveres en la frontera de los dos países —Colombia y Venezuela—, específicamente en Río de Oro, por lo que se transportaban en canoas. También que el comandante del ejército venezolano de apellido Mogollón les envió uniformes de camuflaje, todo transportado en vehículos del Gobierno de Venezuela para que la guardia nacional venezolana no los revisara. Aseguró que luego vio a guerrilleros con esos uniformes. Al mismo tiempo el entrevistado dijo que era una ayuda del presidente Chávez a las guerrillas de las FARC, o por lo menos eso fue lo que se les dio a entender a ellos.

Algunos analistas sostienen que la intención de Chávez es crear un ejército paralelo, lo mismo que hizo Fidel Castro en Cuba con las Fuerzas Armadas Revolucionarias, que eran el partido comunista en armas. A esto se agregó que el Ministerio de la Defensa había dado instrucciones a todo el personal de las empresas de vigilancia privada a pasar a formar parte de las milicias a través de guarniciones militares del país, para lo cual el Comando Estratégico Nacional tenía previsto un adiestramiento militar de tres días cada dos años para ellos. De esa manera trataban de despertar en los participantes, sobre todo en los reservistas, el espíritu de cuerpo y la asignación de tareas específicas. Cuando terminaran el adiestramiento iban a recibir la categoría de «milicia activa», con uniformes y equipos. Se supo que serían seis mil hombres para cada componente militar, para un total de veinticuatro mil.

Un diario colombiano dio a conocer en mayo de 2009 en un reportaje investigativo, que seis de los doce jefes de la FARC se escondían en Venezuela o en la frontera colombo-venezolana, huyendo a la ofensiva militar de Colombia. Mientras, vecinos de algunos pueblos fronterizos, siempre escondiendo su identidad por miedo, sostenían que hombres armados circulaban por los caminos, llegaban a algunas casas y se llevaban gallinas y todo lo que pudieran comer. Se encontraban latas vacías de productos alimenticios en diferentes sitios, entre ellas sardinas, empaques de arroz, azúcar, pastas, café, así como señales de prácticas de tiro por los orificios dejados en los árboles. De esto las autoridades no informaron nunca.

Entrenamiento guerrillero en Venezuela

El 5 de mayo de 2008, César Pérez Vivas, exdiputado al Congreso de la República, dirigente nacional del partido COPEI y luego gobernador del estado Táchira, informó que ese día iba a solicitar una investigación a la Fiscalía General de la República sobre el caso de la represa Uribante Caparo en el estado Táchira, cerca de Pregoneros, el complejo hidroeléctrico ubicado en el sector La Trampa. Está ubicada esta represa en la región noreste del estado Táchira, municipio Uribante, en los límites con el estado Mérida. Ya Pérez Vivas había hecho pública la denuncia en una rueda de prensa que ofreció el 25 de abril en la emisora Ecos del Torbes de San Cristóbal.

Se trata del cierre de actividades turísticas del complejo, instalaciones que el Gobierno embargó, según él, para mantener allí un proceso de formación política y de entrenamiento paramilitar y de guerra asimétrica, a través de un movimiento llamado Frente Francisco de Miranda y de la llamada Fuerza Bolivariana de Liberación. En el centro turístico, sitio bello, espectacular y paradisíaco, comparado por muchos a paisajes suizos, pero sin nieve, de reconocida calidad nacional e internacional, funcionaba un hotel central, cabañas, canchas de tenis, piscina y todas las comodidades de un área turística especial. Allí en el centro de entrenamiento guerrillero, de acuerdo a Pérez Vivas, se adoctrinaba a muchachos jóvenes, de 18, 19 años y hasta menores de edad. Agregó en su información que a principios de mayo de 2008 un grupo de 400, procedente del estado Miranda, finalizó su adiestramiento después de pasar cuatro semanas allí. El entrenamiento incluía: prácticas de tiro, cómo se utilizan y cómo se arman los cocteles molotov, preparación con bombonas de explosivos, movimiento de guerra de guerrillas e inducción política en cursos sobre Mao, el Che, Fidel y Marx. Pérez Vivas sostuvo que se evidencia así la obsesión de Chávez sobre la guerra y el expansionismo, con el que sueña controlar a Suramérica, con Evo Morales en Bolivia, Umala en Perú, Correa en Ecuador y las FARC en Colombia. En este sentido el presidente estaba violando la Constitución, dice el denunciante, porque en Venezuela hay una fuerza armada para defender a los ciudadanos. Agregó que Chávez, al reconocer que su mandato tenía término, estaba previendo un escenario posterior, entrenando personas militarmente en el ámbito terrorista, organizando movimientos al margen de la ley, porque eso es además, delito de salvaguarda y de corrupción.

Mientras tanto, en mayo de 2008 en el estado Táchira, la escasez de gasolina continuaba. A pesar de las denuncias, no se investigó el paso de camiones que transportaban el combustible, con aparente anuencia de militares y civiles, llevándolo de Venezuela al norte de Santander en Colombia, de contrabando, circunstancia que estaba unida al aumento de los apagones eléctricos en toda la región. Se repetían cada vez más las fallas de electricidad, principalmente en la capital, San Cristóbal. Semáforos apagados; artefactos eléctricos dañados, que luego el Gobierno no sustituye; los comercios dejaban de vender porque tenían que cerrar sus puertas debido a la inseguridad y porque los alimentos se les dañaban. En todas las instituciones hubo quejas por la pérdida de dinero y tiempo.

En los noticieros de televisión se presentaron ciudadanos tachirenses dándole las gracias a la revolución bonita que tenían, porque según gritaban airados, no se justificaba ese caos en un país que había recibido tanto dinero por las exportaciones de petróleo en los últimos diez años. En las oficinas del complejo hidroeléctrico Uribante Caparo no estaban informando del por qué de los cortes de luz y cuándo iba a solucionarse el problema. Tampoco se supo cómo una región con una planta que produce electricidad pudiera tener tantas fallas de servicio eléctrico. Los expertos dijeron que el complejo no se utilizaba para la producción de energía, sino para otros fines.

Era un entrenamiento de manera terrorista para una guerra asimétrica, según Pérez Vivas. Al iniciar los cursos, el primer día, la Secretaria de la Gobernación del estado Táchira hacía la presentación del grupo y los dejaba en manos de los cubanos que eran la cabeza que dirigía el centro y se alojaban en el hotel de la represa, mientras los funcionarios que respondían el teléfono #0276-341.6591, informaban que el hotel no estaba prestando servicios porque lo estaban remodelando. Todo lucía extraño. Cuatro años antes, siendo Pérez Vivas diputado a la Asamblea Nacional, estuvo de inspección en esas instalaciones con una comisión, para observar las obras de remodelación que allí se realizaban. Él sostiene que en tan poco tiempo es imposible que estuvieran haciendo nuevos trabajos de reparaciones allí, sumado al testimonio de trabajadores y de personas de los alrededores en el sector La Trampa, que aseguraban no se estaban haciendo trabajos de remodelación.

Nadie podía ingresar a la zona porque un funcionario cubano armado en el sitio de acceso, no lo permitía. Pérez Vivas comentó que la información fue recabada en el mismo centro, dada por empleados que tuvieron temor y no quisieron que se les identificara, pero que los instructores eran argentinos, cubanos, uruguayos, iraníes y colombianos. Al mismo tiempo dijo que la gente en los alrededores escuchaba las prácticas de tiro; a los trabajadores se les chequeaba a la entrada y no se les permitía usar celulares en las instalaciones. El denunciante sostuvo que otro dato aportado por vecinos de la represa fue que PDVSA estaba financiando la logística y que la economía y la tranquilidad de la zona se afectaron por todo ese movimiento.

A mediados de septiembre de 2009, diputados de la Asamblea Legislativa acusaron a César Pérez Vivas, gobernador para ese entonces del estado Táchira, de participar en planes desestabilizadores contra el Gobierno nacional y de aupar la presencia en ese estado fronterizo de grupos paramilitares. La investigación se iba a iniciar a fondo en los próximos días, según ellos.

Todo parece tener relación con lo dicho por Chávez el 26 de agosto de 2007 en cadena nacional de radio y televisión sobre la formación de una milicia popular, la cual contaría con cuarteles y toda su organización, «porque iba a ser una fuerza, una guerrilla urbana y rural». A finales de febrero de 2007 el mandatario nacional alabó por radio y televisión a la organización Francisco de Miranda e informó la creación del Frente de Trabajadores Voluntarios José Félix Rivas y que iban a operar en Venezuela y en el exterior, igual que el Frente Sucre. También a mediados de septiembre de 2009, miembros del partido de Gobierno informaron que iniciarían la conformación de patrullas fuera del país, una fórmula para agrupar a los partidarios que conquistó el presidente Hugo Chávez en su última gira y de redimensionar a los círculos bolivarianos ya existentes. No se conoció si esas células admitirían a extranjeros o si las embajadas venezolanas iban a participar en su instalación.

Lo que sí está bien claro es que no se conoce de otro país en el mundo que forme grupos parecidos con la participación de un partido de Gobierno para incursionar en no se sabe qué actividades, en otras naciones. Y si allá estarían de acuerdo en recibir a grupos de ciudadanos con lineamientos políticos del Gobierno de Chávez.

Pero sí existen otros centros de entrenamientos paramilitares en territorio venezolano protegidos por el Gobierno, según el exdiputado Pérez Vivas. En la parte norte de Táchira, en el Páramo El Tamá, y al sur de Zulia está uno de las FARC, donde se vio al gobernador de la entidad, según Pérez Vivas. Al sur de Táchira, norte de Santander en Colombia, estaba otro campamento del Ejército de Liberación de Colombia, en el que también se notó la presencia del gobernador tachirense de visita. Al suroeste de Táchira operaban las Fuerzas Bolivarianas de Liberación con licencia del Gobierno, así como dos campamentos de entrenamiento para guerrilleros.

Se espera que algún día se conozca públicamente el resultado de la investigación realizada por la Fiscalía General de la República en el complejo hidroeléctrico Uribante Caparo, de acuerdo a las pruebas y documentos que el exdiputado entregó para su conocimiento.

Sobre este mismo asunto, el 18 de mayo de 2008, un abogado internacionalista y director estratégico de la campaña de un precandidato a la gobernación del estado Anzoátegui, denunció la existencia de un centro de adiestramiento guerrillero en el sector La Trampa, adyacente a la represa Uribante Caparo del estado Táchira, que sería financiado por PDVSA, para la promoción del terrorismo interno y externo. En un boletín de prensa se señaló que los entrenadores eran de origen colombiano, iraní y cubano, todos especialistas en manejo de fusiles de guerra, explosivos, voladuras de instalaciones eléctricas y petroleras.

A juicio del abogado, Chávez sentía un temor reverencial debido a los documentos encontrados en la computadora del abatido líder de las FARC Raúl Reyes, que comprobarían su estrecha relación con este grupo guerrillero.

> Esas pruebas —dijo— podrían ser llevadas a una corte penal internacional, porque convertirían automáticamente al gobernante venezolano en objeto de captura por asociación con elementos terroristas, delito mundial ratificado en tratados donde Venezuela es miembro contratante, como en el caso del Código de Roma, base del Derecho Penal Internacional.

También relacionado con el estado Táchira, un aspirante a esa gobernación hizo declaraciones públicas el 21 de junio de 2008. Leomagno Flores, luego Secretario de la Gobernación del Táchira, habló de fuerzas extranjeras ocupacionistas en territorio venezolano. En un aviso por televisión y con un mensaje proselitista, lo que al parecer desató la ira de los terroristas, se señalaba que lo que le faltaba a las FARC y al ELN era colocar su bandera en la Plaza Bolívar o en sitios o poblaciones del estado. Aseguraba que «dos terceras partes del territorio tachirense está en manos de las fuerzas irregulares de ocupación extranjera y yo digo que tienen la anuencia y bajo la protección del Gobierno nacional».

Sostuvo Flores que podía probar que el gobernador de Táchira para esa época, Rolan Blanco La Cruz, estaba comprometido ideológicamente con el proyecto de exportación de la guerrilla bolivariana a lo largo de todo el continente suramericano. Agregó que la prueba es lo que allí se vivía. Después de la seis de la tarde los pobladores de El Piñal por ejemplo, están sometidos a un toque de queda, declarado por la guerrilla. No se puede salir de las casas. Si una persona en una bodega le brinda o vende algo a los grupos de autodefensa o paramilitares que también operan en el Táchira, en la noche llega la guerrilla a su casa y lo amenaza con fusilarlo.

En el centro de la ciudad, taxistas, los que venden perros calientes, los que trabajan en el comercio... todos, pagan una cuota a la guerrilla para que no los ataquen. Leomagno Flores dijo que la gente lo detiene en la calle y le manifiestan ese clamor. Refirió que de repente estaba alguien en una panadería comprando algo, llegaban unos sicarios y asesinaban a una persona que estaba a su lado. Veían con los días que ese asesinato quedaba impune porque las fuerzas policiales dicen que fue un sicariato, un ajuste de cuentas, y con eso se despacha la mayoría de los problemas, sin investigación ni justicia. Agregó:

> Por eso decimos que esto tiene que estar ocurriendo con la anuencia de las autoridades. Yo he denunciado responsablemente, que aquí bajo la mirada inerte de nuestras Fuerzas Armadas, quizá por órdenes directas de su comandante en jefe [Chávez], no se persigue a las fuerzas irregulares de ocupación.

Flores hizo referencia a la posible permanencia del guerrillero Iván Márquez en el Táchira. Según él, Chávez le entregó a las FARC, al ELN y a las guerrillas bolivarianas, dos zonas de distención, para que ellos puedan estar allí, hicieran sus operaciones y les sirviera de aliviadero, porque para él la guerrilla colombiana está militarmente derrotada, y afirmó:

> Quiero denunciar al país lo grave que resultaría si la guerrilla fuera derrotada totalmente en Colombia, porque entonces el refugio de todos esos hombres en armas que saldrían corriendo, sería en estas dos zonas: estado Apure, en el parque nacional Río Viejo y en el estado Barinas, la zona que se conoce como Chorrosquero, que no es otra cosa que la reserva forestal de Caparo. Allí opera libremente las FARC, porque desde Apure fue expulsada por problemas territoriales con el ELN. En Chorrosquero, en los

límites con Táchira está la zona de distención o aliviadero de las FARC en Venezuela. La denuncia la hago porque los habitantes de la zona están acostumbrados a la rutina de las FARC allí, y de repente se dan cuenta que esa rutina cambió de alguna manera, que no es usual. Hubo un momento que notaron una serie de medidas de protección por parte de los elementos de la FARC, una serie de rituales, que dio la impresión de la presencia allí de un miembro importante del secretariado.

En otras declaraciones a la prensa Leomagno Flores manifestó que Iván Márquez estaba en Barinas. Este guerrillero estuvo en el Palacio Presidencial de Miraflores en Caracas y lo fotografiaron con Chávez en las escaleras de entrada al edificio como lo señalamos anteriormente, fotos que luego aparecieron en la prensa. En esa ocasión Chávez alegó que Márquez era el delegado de las FARC para las cuestiones humanitarias en la liberación de los secuestrados por el grupo terrorista.

A pesar de los rumores, estas cosas no son algo comprobable y el Gobierno nunca los afirma ni los niega. En este sentido, Flores refirió el caso del comandante «Luces», otro guerrillero que estuvo hospitalizado en marzo de 2008 en la Clínica La Colina de La Fría en el estado Táchira, traído y cuidado por militares venezolanos y funcionarios de la policía política —DISIP[3]—, y que con un maletín de dinero en efectivo, pagaron la atención médica que le prestaron en el centro asistencial. Cuando el pueblo supo que Luces estaba hospitalizado en esa clínica, se verificó el rumor y las Fuerzas Armadas venezolanas se llevaron al guerrillero al hospital militar de San Cristóbal. Dos semanas después los tachirenses se enteraron que un tribunal militar había dejado en libertad al personaje. Por cierto, sostuvo Flores, el «atender a una persona en esas condiciones, transportarlo en aviones militares, atenderlo en un

[3] Dirección de los Servicios de Inteligencia y Prevención. *(N. del E.)*

hospital militar venezolano, es violar la ley de Salvaguarda del país». Todo el silencio y misterio de esa custodia y cuidado, hizo creer que se trataba de un miembro del Secretariado de la FARC. César Pérez Vivas declaró en ese momento que una de las hipótesis que se manejaron fue que se trataba del comandante guerrillero Joaquín Gómez, cuyo nombre verdadero es Milton de Jesús Ponce, pero no hubo transparencia en las informaciones, no se supo nada oficialmente de parte de las autoridades. Los vecinos dijeron creer que al personaje lo trasladaron en un helicóptero militar. Una vecina en particular aseguró que era un guerrillero y que dos años antes, estuvieron allí en esa clínica Raúl Reyes y Marulanda.

El hostigamiento a Lamagno Flores se inició con llamadas telefónicas de amenazas, identificándose quien llamaba con las guerrillas y dejándole el mensaje que el «Mono Jojoi», uno de los jefes de las FARC,[4] quería conversar con él. Dijo que no denunció el caso a las autoridades porque muchos ciudadanos lo hacen y no pasa nada, no se conoce de investigación ni ayuda a nadie.

El sábado 17 de mayo un diario de Miami publicó una información fundada en documentos de la computadora incautada en el campamento guerrillero donde murió Raúl Reyes el primero de marzo de 2008. El periódico hace muchos señalamientos sobre el tema: la formación desde hacía tres años de un ejército paralelo para la defensa de la revolución bolivariana, que contaba con el asesoramiento de las FARC y con base de entrenamiento en Cuba. Hay cartas, misivas y correos electrónicos de Reyes que aportan datos —unos comprobados y otros por comprobar— de la relación Chávez-FARC.

Más secretos de las computadoras de Reyes: en un correo del 4 de enero de 2007, Iván Márquez le informa al Secretariado

---

[4] Jorge Briceño. *(N. del E.)*

de la FARC que se reunió con dos de los más importantes generales venezolanos, el Director de Inteligencia Militar y el comandante de una de las principales guarniciones en la frontera con Colombia. Dice:

> Me reuní con los generales Alcalá y Carvajal, con los cuales ya me había encontrado en tres ocasiones en compañía de Ricardo (Rodrigo Granda). Hablamos del plan patriota, canje, la para política y tres aspectos del plan estratégico: finanzas, armas y política de fronteras.

En el mismo mensaje, Márquez les cuenta que les

> ...van a hacer llegar (la próxima semana) veinte bazucas, de las cuales diez serían para Timo (Timochenko, miembro del Secretariado) y diez para acá. Alcalá sugirió que fuera una cantidad mayor. Reiteran la oferta de munición.

En esa reunión entre los generales venezolanos y Márquez se contempló la posibilidad «de aprovechar las compras de armas de Venezuela a Rusia, para incluir unos contenedores con destino a la FARC».

Dos semanas después, las armas prometidas por los generales venezolanos llegaron a las FARC. Dice un mensaje fechado el 20 de enero de 2007 de Márquez a Manuel Marulanda, «Tirofijo»:

> Los aparatos que hemos recibido con Timo, son cohetes antitanque de 85 mm, dos tubos y 21 cargas. El amigo dice que tiene más de mil cargas y que próximamente nos hará llegar otras, así como otros tubos.

Hay más que el tráfico de armas. En un mensaje al secretariado del 18 de enero de 2007, insisten en la urgente necesidad de coordinar una reunión FARC-Chávez. Planteaban fortalecer la alianza con los gringos y sus aliados estratégicos y proponerles que los ayudaran a obtener el armamento que decía el plan estratégico, el préstamo de 250 millones de dólares para pagarlos cuando tomaran el poder. La cifra era un objetivo a conseguir y establecido en las conclusiones más importantes de la novena conferencia de las FARC. En esa reunión se determinaron las acciones a seguir en todos los frentes.

También se entrenarían miles de jóvenes de las Unidades de Defensa Popular, bajo la supervisión de la guerrilla colombiana. Hay un informe que además de señalar la situación interna de las fuerzas armadas venezolanas, da a conocer que el Gobierno de Chávez mantenía en Cuba 2,500 hombres en formación en distintas áreas y que al regresar a Venezuela, mandarían otra cantidad igual.

En una de las varias cartas del Comandante Iván Márquez, principal enlace entre las FARC y Chávez, informa sobre unos 1,300 muchachos de su confianza que pasarían un curso militar en Fuerte Tiuna, el centro militar de Caracas, donde están ubicadas instalaciones del Ministerio de la Defensa. Hasta se comentó en un momento que este guerrillero tenía una oficina oficial en esas instalaciones militares. Márquez dice también que ya estaban preparando los primeros 120, algunos de los cuales pasaron por «esta modesta escuela (guerrillera)», y transmite la petición de «Timo», de «prepararles aquí en guerra de guerrillas a unos 100 jefes de escuadra», presuntamente el cuerpo de reservistas creado por orden de Chávez. Un correo electrónico de noviembre de 2007, dos años después, ratificaba la petición hecha el 2005 por el Ministro de Interior y Justicia venezolano, Ramón Rodríguez Chacín, de entrenar a jefes de escuadra. El mensaje de Márquez informa al Secretariado de la FARC sobre la solicitud de Rodríguez Chacín para que «les transmitiera nuestras experiencias en guerra de guerrillas, la cual ellos llaman guerra asimétrica», con entrenamiento en explosivos, cátedra bolivariana, campamentos en la selva, emboscadas logísticas, movilidad, como parte de sus preparativos para una eventual invasión de Estados Unidos.

El acuerdo, sugirió el ministro venezolano, se establecería con «algunos generales» y otros oficiales intermedios del ejército venezolano. Dos días antes en un correo de Márquez, aparece informando al Secretariado sobre un plan para recibir armamentos en la región del Orinoco, al sur de Venezuela, y de otro plan para poner en marcha un mecanismo de coordinación al más alto nivel entre la guerrilla y el ejército venezolano.

Pero el asunto del entrenamiento fue mucho más lejos. Un equipo de periodistas logró entrevistar el 20 de mayo 2008 a un miembro del Frente Francisco de Miranda. Con lujo de detalles explicó de sus actuaciones en el estado Zulia.

> Yo soy un joven del Frente Francisco de Miranda. Pertenezco a la Séptima Avanzada. Fuimos seleccionadas 400 personas entre mujeres y hombres, para un campamento que se hizo en la Sierra de Perijá, específicamente en Samama, comandado por cubanos y colombianos. Allí nos entrenan para desarmar y armar fusiles de los nuevos y de los viejos, así como a desarmar pistolas. Una de las cosas que me ha motivado a hacer esta denuncia es porque nos pintaron pajaritos[5] y no los cumplieron. Cuando llegamos a Samama la historia cambió porque es puro maltrato lo que llevamos allá de parte de cubanos y colombianos. Nos han enseñado muchas cosas y que el objetivo es que antes de la elecciones de noviembre 2008 bajemos y ataquemos a la gente de la oposición, y como dicen ellos clarito, a lo venezolano, «si se ponen payasos, bajarles la cabeza».

---

[5] Quiere decir que les ofrecieron cosas. *(N. del A.)*

Otra cosa que denunció es que hay jóvenes compañeros de las últimas avanzadas, que son niños de 17, 16 años, que pertenecen al Frente Francisco de Miranda y los tienen allá. Y continuó:

> Y es una ideología como yo digo, tan barata, que nos está enseñando al odio contra nosotros mismos los venezolanos.
>
> Otra motivación que tengo es que el comandante [Chávez] nos ha engañado, nos utiliza cuando se ve tan ahogado, nos utiliza a nosotros del Frente Francisco de Miranda, para hacer el trabajo sucio. De hecho, nosotros estuvimos en Cuba haciendo un curso de trabajadores sociales y nada de eso hemos puesto en práctica en el campo que nos especializamos. Solo puras cosas malas nos mandan a hacer.
>
> José Freire, director Regional del Zulia, Ivor Chávez y Marcos Azuaje, son las personas que nos obligan y nos amenazan con quitarnos el piche[6] miserable incentivo que nos dan de 350 mil bolívares y como uno no tiene trabajo... Yo por lo menos tengo hijos y debo aceptarlo porque no me puedo poner a robar o atracar. Esas son las mentiras que denuncio, las mentiras del comandante Chávez. Allá en la Sierra de Perijá hay 400 personas que nos están entrenando para atacar a los mismos venezolanos y a los mismos hermanos de nosotros.
>
> No es que esté en contra del comandante, pero no le voy a tirar a los venezolanos, mis hermanos, con ese fusil que nos van a dar. He bajado como dos veces de Samana, a Sirapta, a recoger la logística. La indignación más grande que nos da es cuando llegan esas camionetas de PDVSA con la logística y nosotros como quien dice, matándonos allá arriba y ellos dándose la gran vida en esas camionetotas de PDVSA. También las humillaciones de parte de esa gente de PDVSA, porque ellos son los dueños absolutos de la compañía, de la industria petrolera. Ellos son los que nos llevan a Sirapta la logística… Yo les pido a las madres de

[6] Quiere decir insignificante. *(N. del A.)*

esos muchachos que se encuentran allá arriba, que vayan y los busquen porque van a cometer una locura, ellos están siendo confundidos por parte de los cubanos y colombianos.

El denunciante mostró varios videos de la zona de entrenamiento, explicando ciertos detalles. En uno hay jóvenes armando un fusil nuevo, que según él, es tarea diaria; otros estudiando, un colombiano que les presta colaboración, otro con un fusil de madera o automático FAL, lecciones de orden cerrado, en columna ramplando por la tierra con fusiles de madera armados. «Los cuadros —dijo— andan armados con FAL y los fusiles nuevos que trajeron a Venezuela, inclusive nos enseñan ataques de persona a persona (cuerpo a cuerpo) y ataque ligero hacia el objetivo.» Mostró otro video de los dormitorios, libros sobre educación de valores, cartucheras, pasaportes, pasamontañas, el diario del Che Guevara y otros artículos personales.

Explicó que de Chirapta a Samana son aproximadamente cuatro horas en mula. Mostró en un video a una señorita con un fusil con el sello de las FAN venezolanas y el escudo de Venezuela. Explicó que las instalaciones donde funciona el campamento estaban previstas para un colegio. En uno de los salones está la farmacia, en otro tiene el parque de armas. Mostró el autobús que los trasladaba desde la Brigada 11 a la Sierra de Perijá, Machiques. Luego apareció en el video el lema que tienen en la pared: «Salvador Allende vive en la victoria de la revolución bolivariana».

Dentro de los planes de expansión militar anunciados por Chávez en diferentes oportunidades durante sus cadenas de radio y televisión, hace referencia a la compra de armas y su utilización. En mayo de 2008 el Instituto de Estocolmo de Investigaciones para la Paz (SIPRI) informó que el gasto militar venezolano desde que Chávez asumió la presidencia, ascendía a la suma de 12,637 millones de dólares. Con Rusia, el convenio de cooperación militar y técnico aumentó de acuerdo a los anuncios que el mismo presidente ofreció a su llegada de la gira que terminó los primeros días de septiembre de 2009. Según expertos en la materia, un diario sueco informó que eso es sin contar los acuerdos con China y Pakistán, en los que se incluirían los aviones K-8, naves biplaza de entrenamiento avanzado ligero y ataque a tierra, que pueden ser dotados con misiles aire-tierra y tienen un precio por unidad de 20 millones de dólares.

La presencia de los miembros del grupo guerrillero colombiano sigue informándose por muchos medios, pero el Gobierno no lo desmiente. En febrero de 2009 un diario de Colombia informó que alias «Robinson», exmiembro de la FARC, desmovilizado a mediados de enero de ese año, reveló a las autoridades colombianas que uno de los «históricos» de esta guerrilla, Martin Villa, estaba escondido en Maroa, municipio venezolano situado al pasar el río Guainía, frente a Puerto Colombia. El exguerrillero es venezolano, de 25 años de edad, y ofreció en la entrevista detalles de sus andanzas desde los diecisiete años como miembro del Frente 16 de las FARC, el cual opera en la zona limítrofe con Venezuela y Brasil.

En enero de 2008 asesinaron, junto a su guarda-espaldas en un hotel cercano a la ciudad de Mérida, a Wilmer Varela, alias «Jabón», de quien se especuló se había convertido en un inversionista importante con capital en bienes raíces, auto mercados y cadenas de alimentos en Venezuela. Estados Unidos solicitaba al capo para su extradición. Varela, según los informes de prensa, vivió muchos años en Venezuela y portaba documentos venezolanos.

En otros países se informa del narcotráfico en Venezuela

Un diario español informó en diciembre de 2007 que las sospechas de que el Gobierno venezolano respaldaba a las FARC no eran nuevas, pero hasta esa fecha se denunciaba que además de la pasividad de la administración de Hugo Chávez frente a sus actuaciones, sobre todo ante el tráfico de drogas hacia Europa, los insurgentes habían establecido una relación de cooperación con algunos responsables de la fuerzas armadas, que les había permitido acceder a armas y gozar de inmunidad en la orilla del río Arauca. El trabajo reporteril lo titularon «Venezuela es el "narco santuario" de las FARC» y en él citaron como informantes a cuatro desertores del grupo guerrillero y a varias fuentes de los servicios de inteligencia colombianos, así como a diplomáticos europeos.

Uno de los desertores relató haber trabajado en uno de los cuatro campamentos que el grupo guerrillero tenía en Venezuela; que en esos lugares se entrenaban guerrilleros y que las FARC estaba de lleno en Venezuela, mientras la Guardia Nacional, el ejército y otros venezolanos con cargos oficiales les ofrecían sus servicios a cambio de dinero, razón por la que nunca había enfrentamientos entre ellos o los militares venezolanos. En realidad, son numerosos los casos de capos y guerrilleros que se sabe actúan libremente y con la mayor impunidad y complicidad en territorio venezolano, con doble nacionalidad o con cédula de identidad venezolana.

En febrero de 2000 las FARC emitieron un comunicado respaldando al presidente Chávez. Meses después un exdirector de la policía política venezolana (DISIP), Jesús Urdaneta, denunció que Chávez impulsaba la guerrilla en contra del Gobierno de Pastrana, mientras que informaciones de prensa del mismo año confirmaban que el presidente venezolano era el candidato de la guerrilla colombiana.

Como «relaciones de buena voluntad» identificó el jefe de las FARC Manuel Marulanda Vélez, «Tirofijo», el ofrecimiento de trescientos millones de dólares de Chávez para su grupo. Así lo dice en un documento encontrado en la computadora de Raúl Reyes, al referir que Iván Márquez le informó poco después de su visita a Caracas, que el presidente venezolano haría el aporte y que la donación era para lograr el «fortalecimiento del proyecto geopolítico en varios países».

Por cierto, cuando el Gobierno colombiano consultó a la Interpol sobre la autenticidad de los documentos encontrados en las computadoras de Reyes, esta dijo que los archivos en efecto pertenecían a Raúl Reyes, el entonces número 2 de las FARC y que no fueron manipulados por el Gobierno de Colombia, lo que se deduce que fueron escritos por los líderes del grupo guerrillero. En esa ocasión, ni Chávez ni el presidente ecuatoriano, Rafael Correa —ambos señalados en repetidas oportunidades en esos testimonios—, hicieron señalamiento alguno para defenderse, al contrario, los dos solo insultaron a los colombianos y a su presidente, como si las aseveraciones del grupo insurgente no tuvieran importancia.

En fecha más reciente, un alto funcionario del Departamento de Estado de Estados Unidos declaró que su país estaba tratando de determinar algunos aspectos de las relaciones de Chávez con la guerrilla colombiana, como anticipo a la decisión de declarar a Venezuela como país que ampara al terrorismo. Thomas Shannon, Sub-Secretario de Estado para Asuntos del Hemisferio Occidental, dijo que hasta donde entendía «había una relación de un pequeño grupo de personas muy allegadas al presidente Chávez a las que se le había asignado la administración de esa relación». También señaló que esa relación involucraría en la práctica varias cosas, desde la entrega clandestina de armas hasta transferencias de dinero a la guerrilla para fortalecerla después de los avances del ejército colombiano en su campaña contra los rebeldes. Si son funcionarios allegados a Chávez, tienen que contar con su apoyo, porque todo el mundo sabe que quien manda allí es él.

Ya el Departamento de Estado norteamericano había declarado que Chávez «no coopera totalmente» con la lucha contra el terrorismo, no cumple con los acuerdos internacionales contra el narcotráfico y ha designado a varios venezolanos como canales de ayuda a la milicia Hezbolá y al narcotráfico. Al respecto, el canciller israelí aseguró en declaraciones dadas en Bogotá que el presidente venezolano coopera con «ramas radicales» del Islam y lo acusó de antisemita. No quiso hablar de información de inteligencia, pero aseguró tener suficiente sobre la existencia de células del movimiento chiíta Hezbolá, apoyadas por Irán, en Venezuela y en la península de La Guajira, en la frontera norte con Colombia.

En septiembre de 2008 la Oficina Antidrogas de la Casa Blanca informó que hasta mediados de ese mismo año la cantidad de droga transportada por vía aérea desde Venezuela se había multiplicado por dieciséis desde 2002. La información incluyó cerca de una docena de fotografías de aviones monomotor con siglas venezolanas (YV) tomadas en el aire cuando transportaban drogas, señalando también que según denuncias y testimonios de narcotraficantes detenidos en los últimos años, desde 2005, cada vez hay más pruebas del apoyo ofrecido por militares activos, jefes policiales y altas autoridades oficiales de Venezuela.

Un año después, en septiembre de 2009, Estados Unidos en su informe de certificación anual anti-narcóticos, anunció que Bolivia, Myanmar y Venezuela «fracasaron ostensiblemente» en su lucha antidrogas. Los tres países habían sido descertificados también en 2008, en la última evaluación que el Gobierno de George Bush había publicado. Fue cuando el Gobierno de Evo

Morales en Bolivia como respuesta, expulsó a los agentes de la Agencia Antidrogas de Estados Unidos, DEA. El documento del Departamento de Estado sostuvo que estos gobiernos no han declarado «de manera demostrable» su respeto por los acuerdos internacionales contra las drogas, ni han tomado medidas para erradicar el narcotráfico. En la última ocasión Evo Morales consideró que el país del norte «no tiene autoridad moral» para cuestionar la lucha antidrogas, porque no le permitió comprar radares para la lucha y tampoco aportaba plata como antes.

Como se sabe, Chávez ordenó expulsar del país a una misión de la DEA, mientras sus funcionarios aseguraban que estaban realizando una profunda labor en el combate del narcotráfico. El zar antidrogas estadounidense John Walters dijo que el tráfico aumentaba tan significativamente en el país suramericano, porque todo funcionaba con impunidad. Se habló del uso de aviones con siglas venezolanas cargados de drogas y dinero, que salían a varios destinos como Centro América —principalmente Honduras antes del derrocamiento de Zelaya—, Europa y África. Y curiosamente se conoció en agosto de 2009 que desde junio, cuando ya Zelaya no estaba en su país, no se habían registrado vuelos de avionetas venezolanas por ese territorio. Según un diario costarricense, Chávez financiaba las giras que el expresidente uruguayo ha hecho desde su derrocamiento, y puso a su disposición dos aviones de la empresa CITGO, subsidiaria de PDVSA. Y es cierto por lo menos lo de los aviones, cuyas siglas se veían en las fotos de la prensa a la llegada del presidente depuesto a los diferentes aeropuertos de los países que visitaba. ¿Cómo se define esto? ¿Regalito? ¿Malversacion de fondos? ¿Traición a la patria?

A pesar de las protestas de Chávez en todos los ámbitos y en todos los tonos, el acuerdo de Colombia con Estados Unidos para agrandar sus bases militares, trajo mucha esperanza a los analistas, quienes aseguran que desde allí se podría controlar el narcotráfico más fácilmente.

En septiembre de 2008 el Departamento del Tesoro de Estados Unidos publicó la información donde identificaba al ex Ministro del Interior y Justicia Ramón Rodríguez Chacín, al Director de la Policía Política (DISIP) Jesús Rangel Silva y al Director General de Inteligencia Militar (DGIM) Hugo Carvajal, de haber facilitado el tráfico de drogas de las FARC, por lo que se les congelaron cuentas bancarias y otros bienes que pudieran tener en el territorio norteamericano. En las notas de prensa relacionadas a este caso, el Gobierno norteamericano explica con detalles el compromiso de estos funcionarios con el tráfico de drogas y con el grupo guerrillero. Unos días antes el ministro Rodríguez Chacín renunció a su cargo, explicando públicamente que lo hacía por razones meramente personales.

En septiembre de 2009 un diario del Principado de Andorra publicó la información sobre el congelamiento de varias cuentas bancarias de personas ligadas al entorno del presidente Hugo Chávez, medida que se había tomado en base a una investigación sobre el uso de esas cuentas para financiar actividades terroristas de las FARC, Hezbolá, Hamas y ETA, entre otros. El periódico agregaba que la decisión se tomó tras el aviso dado por el Departamento del Tesoro de Estados Unidos y otras agencias de control financiero de ese país.

Andorra es un Estado independiente, como Mónaco, donde hay muchos bancos que al parecer guardan dinero de altos personajes de diferentes gobiernos. Tiene una superficie muy pequeña, más o menos dos urbanizaciones juntas de Caracas, La Castellana y Altamira. Su única fuente de ingresos son los depósitos bancarios. Un comentarista político dijo por televisión que en 2008 se habían conocido a través de la prensa decisiones parecidas, congelamiento de cuentas al Gobierno de Chávez, y se preguntaba: ¿serán las mismas que vuelven a la luz pública o son otras? También hubo quien dijo que si era dinero de venezolanos, tenía que ser robado, provenía de corruptelas y enjabonados de manos gubernamentales, o de tráfico de drogas.

El senador Jairo Clopatofsky, miembro de la Comisión Especial de Asuntos Exteriores del Senado colombiano aseguró en septiembre de 2009, que demandó ante la Corte Penal Internacional de La Haya, se investigaran los vínculos directos que tienen Chávez y Correa con las FARC. El anuncio lo hizo a través de programas de televisión y notas en la prensa escrita.

Rusia le ha vendido muchas armas a Venezuela en los últimos años. Chávez informó en septiembre de 2009 que el país dispondrá de un crédito ruso de 2,200 millones de dólares de ese país para la adquisición de armamento, lo cual según el mandatario incrementará la capacidad de defensa, aunque su Gobierno no tenía planes de invadir ni agredir a ninguna nación. Chávez explicó la necesidad de apertrechar bien las fuerzas armadas porque su país tiene grandes reservorios energéticos cuyo control interesa al «imperio yanqui». Surgieron muchas preguntas a este respecto. Hasta el presidente de Perú, Alan García, dijo en una reunión de UNASUR (Unión de Naciones Suramericanas), que cuál era el miedo a Estados Unidos para armarse tanto, si todo el petróleo Chávez se lo vendía a ese Gobierno, lo que no les creaba la necesidad de invadir a Venezuela por esas razones.

Pero también, algunos comentaristas internacionales sugirieron la posibilidad de que con esas compras millonarias se amparaba a la gran corrupción reinante en el Gobierno. Otros aseguraron que era una fechoría continuar adquiriendo armas, porque ese dinero podía utilizarse para solucionar los grandes problemas que el país suramericano enfrentaba en todos los niveles.

Como nada queda oculto, algún día, pronto o en futuras generaciones, se conocerá la verdad de todo este enredo. La substitución de las armas nuevas por las viejas en los organismos militares de Venezuela continúa en el misterio. Pero cuando se le ha decomisado armamento a la guerrilla colombiana con las mismas características de los que Chávez sustituye por los nuevos que compra a Rusia, los expertos se preguntaban cómo el grupo subversivo hacía para obtenerlo.

Un general retirado afirmó:

> Quien posee esa munición es las FAN, entonces cómo se explica que recién llegada al país, esté siendo incorporada a los depósitos y a los arsenales, y pueda salir en una cantidad tan grande, sin que nadie sepa nada.

Quiso el general referir como historia, que a principios de los años noventa se decidió en las FAN cambiar el fusil FAL porque había entrado en obsolescencia tecnológica y fatiga de material, que lo complicaba. Pero se pregunta: ¿Por qué se adquiere un fusil, el AK-103, que usa municiones que son la norma de grupos terroristas y guerrilleros en todo el mundo?

A continuación enumeraremos algunos comentarios sobre las relaciones Chávez-Irán, solo de manera inicial, porque en una próxima entrega haremos un amplio relato, con detalles de estos y muchos más informes. Los vínculos entre Venezuela e Irán se fueron estrechando cada día más, precisamente, cuando esa nación pregonó a nivel mundial su disposición de incursionar en los proyectos nucleares, según ellos, para la generación de energía. Al mismo tiempo creció el temor en muchas partes del mundo al ver esa iniciativa como una amenaza bélica. Fue también cuando en Venezuela se oyó hablar con insistencia del uranio, mineral que se encuentra en forma sustancial en el estado Bolívar.

Sospechas de terrorismo. Relación Chávez-Irán

Un vocero de la Federación Minera de Bolívar hizo varias denuncias el seis de mayo de 2008, que despertaron la suspicacia de la gente interesada en los problemas y el futuro de Venezuela. Setenta y cinco mil trabajadores de la minería, ubicados en ocho de los once municipios mineros, estaban bajo la custodia directa del ejército venezolano. La población de Chiguao, que contaba con más de dos mil habitaciones para los mineros, fue destruida por helicópteros con explosivos C-4. Sacaron a los trabajadores venezolanos y dejaron a un concesionario extranjero, quien según el informante estaba protegido por el Teatro de Operaciones 5 de las Fuerzas Armadas. Otro extranjero tiene balsas trabajando en el cauce del río Paragua. En el Alto Caroní amontonaron los equipos, materiales y herramientas de los mineros y el ejército los destruyó con C-4. A los mineros no les fue posible contactar al general jefe del Teatro de Operaciones 5 para conversar con él sobre la situación; fueron infructuosos los intentos que los mineros hicieron desde el 23 de noviembre de 2007.

Según este informante, los efectivos militares dicen que la acción fue por razones ambientales y por orden del Presidente de la República. En el municipio Gran Sabana quedaron cesantes más de 35 mil personas, porque la minería es la actividad que mueve la economía de esa zona. También el Gobierno fue eliminando el combustible a los pequeños mineros, pero sí subsidiaba 5 mil millones de bolívares a Brasil en combustible. En La Paragua se violentaron los derechos humanos de los mineros, les quitaron el derecho al trabajo y también ocurrieron muertes, agregó el informante.

¿Por qué al Gobierno le interesa mantener esa actividad en estado de ilegalidad? Se preguntó Andrés Velásquez, exgobernador del estado Bolívar. Comentó que se matraqueaba[7] con el combustible, igual con el gasoil, se chantajeaba y matraqueaba a los mineros. Su conclusión es que el Gobierno no da ni explicación, ni soluciones, agregando que de acuerdo con la división del mapa del estado Bolívar, hay zonas destinadas a los pequeños mineros, pero los han sacado y les han dado el chance a poderosos para trabajar allí.

En esa zona hay uranio, mineral que deja amplios márgenes de ganancias, además de usarse para proyectos nucleares. También hay cantidades de oro y diamante. Todo el Alto Caroní, desde la Gran Sabana hacia abajo, está ocupado por el ejército. El vocero de la federación minera sostuvo que allí hay ciudadanos iraníes trabajando. En El Manteco hay asesores cubanos haciendo estudios en la zona. A finales de abril y principios de mayo de 2008, hubo protestas de mineros, entre ellos grupos de cinco mil, que paralizaron varias partes de la zona, reclamando por el mal trato que recibían. Solo silencio recibieron del Gobierno.

La denuncia hace referencia también al desalojo de mineros de Icabarú, sector que conforma la segunda parroquia minera más importante del municipio Gran Sabana. Esa decisión de desalojo anunciada por el Ministerio de Industrias Básicas y Minerías, apelando al Decreto 1742, extrañó a los sindicalistas. El decreto establece que en esa zona no se puede hacer minería, pero que sí se permite trabajarla a aquellas personas titulares de concesiones o contratos con la Corporación Venezolana de Guayana. La situación es preocupante, ya que en la población minera del sector Icabarú hay aproximadamente 5 mil equipos, con los que trabajaban unos 15 a 20 mil trabajadores, y una población infantil de 350 niños escolarizados.

---

[7] Significa que se cobraba en exceso por la venta del producto. *(N. del A.)*

Algo curioso sucedió en el aeropuerto internacional de Maiquetía. Una señora que esperaba las maletas después de un viaje en el aeropuerto internacional de Maiquetía, estaba hablando con una amiga que trabaja en una tienda en esas instalaciones, sobre el vuelo de Air Irán que había llegado en esos momentos. La información que recibió de la amiga es que lo llaman «el avión fantasma», un Boeing 747 SP para 287 pasajeros. Llega, lo anuncian en cartelera, pero nadie ve a sus pasajeros, no pasan por emigración, tampoco recogen equipaje por las correas y no salen por la puerta grande. Incluso, el sitio por donde los conducen, lo toma la Guardia Nacional, para que ningún empleado del aeropuerto los vea.

Lo mismo ocurre a la salida de esa terminal aérea y se sabe porque se anuncia en cartelera, pero hay un gran operativo de seguridad por todas partes, pues llegan en autobuses escoltados por policías, salen por la puerta pequeña y nadie ve nada. También se enteró que quienes manejan la carga del avión no son empleados regulares del aeropuerto, son personas que llegan en dos vehículos, abren las compuertas de carga, bajan los contenedores perfectamente identificados como «Irán Air», los suben a camiones civiles de carga y desaparecen. ¿Qué se ocultará en estos viajes? ¿Cuál es el misterio de estas operaciones?

En septiembre de 2009 Francia advirtió a Venezuela de abstenerse contra cualquier transferencia de tecnología desde Irán en el ámbito nuclear, porque si eso ocurriera violaría las resoluciones del Consejo de Seguridad de la ONU. Como se sabe, a Irán se le prohibió exportar material vinculado a su programa nuclear y a todos los Estados miembros de la ONU, comprarlo. Un diario francés publicó una entrevista que le hizo a Chávez donde el mandatario venezolano agradeció a su homólogo iraní, por «las transferencias de tecnología» que hacía a Venezuela. Dijo eso cuando hizo referencia a la «villa nuclear» que creará en territorio venezolano con ayuda de Teherán.

Robert Morgenthau, fiscal de Nueva York, se refirió a la cercanía entre Irán y Venezuela tras los recientes acuerdos de desarrollo tecnológico, cooperación militar, bancaria y financiera, y la alianza en combustible. Hizo referencia el alto funcionario en sus declaraciones al uranio que tiene Venezuela, por lo que dio a entender que «se especulaba que el país suramericano estaba llevando uranio» para el polémico programa nuclear iraní.

El fiscal destacó el surgimiento de fábricas iraníes en zonas remotas y poco desarrolladas del territorio venezolano que se presentan como «la geografía ideal para la producción ilegal de armas». De esta manera, según Morgenthau, el régimen de Irán podría lograr sortear las sanciones norteamericanas y europeas para el desarrollo de su plan atómico. También habló de los movimientos financieros de aquella nación en Venezuela, por lo que ellos rastrean posibles operaciones ilegales entre el país islámico y bancos venezolanos.

Un dirigente político venezolano anunció que promoverá en la Asamblea Nacional una investigación sobre la supuesta «triangulación financiera» de Chávez con Irán y Rusia, indagada por el fiscal de Nueva York. Ojalá encuentre receptividad en su intento.

En muchos medios de comunicación del mundo se ha comentado esa relación de Chávez con Ahmadinejad, considerándola una amenaza contra Estados Unidos y el mundo en general. Al parecer es un proceso que comienza, pero los ojos de las potencias están puestos allí.

Empeoramiento de los problemas

A pesar del ingreso de divisas constante por concepto de venta de petróleo, para mayo de 2008 Venezuela tenía una deuda externa aproximada de US$60 mil millones. En el mismo mes, una fuente gubernamental dijo que el Gobierno pediría nuevos préstamos a la Corporación Andina de Fomento (CAF) y al Banco Interamericano de Desarrollo, (BID), tanto para las áreas sociales como económicas, así como para infraestructura. Con ese fin, el ejecutivo revisaría los proyectos que se hubieran cumplido, los que se estaban ejecutando, hasta dónde se habían cumplido las metas y otros que necesitaban nuevos recursos.

Se publicó en los diarios de circulación nacional que Petróleos de Venezuela S.A. estaba negociando acuerdos con compañías japonesas por US$3,500 millones, aparentemente para modernizar algunas refinerías, cuyo pago se haría con petróleo crudo. Si se lograron esos convenios, la deuda de PDVSA alcanzaría los US$19,500 millones, según fuentes extraoficiales, porque se tenía entendido que el endeudamiento oficial a finales de 2007 era de US$16,006.

Relacionado con este tema, la crisis del sector eléctrico aumentó. Las organizaciones sindicales de la industria eléctrica hacían llamados de emergencia al Gobierno ante el problema galopante en la generación de energía y los riesgos que se corrían. Hacían falta a mediados de 2008, ochocientos megavatios para satisfacer la alta demanda de energía. Había limitaciones para operar las plantas y su plantel de trabajadores. Se estaban forzando los niveles de tensión permitidos, lo que hacía vulnerable la prestación del servicio, además de la obsolescencia de unidades que empeoraba cada día la situación. Apagones generalizados ocurren a diario en Caracas, hasta el metro sufrió uno el viernes 13 de junio. En Táchira, Mérida, Bolívar, Aragua y Falcón, los trabajadores de la empresa eléctrica se vieron envueltos en ataques violentos de pobladores enardecidos en protesta por la falta del servicio.

Pero lo más sorpresivo fue cuando representantes del sindicato de trabajadores de la electricidad de Caracas informaron que las máquinas generadoras de electricidad de Tacoa, la que surte a Caracas y los alrededores, estaba operando con combustible-6 o *fuel oil*, porque el gas no llegaba. Esas plantas se diseñaron para producir electricidad con petróleo y gas. Cuando se conoció la noticia, tenían más de un mes funcionando con combustible sucio. El uso de combustible equivocado, según los expertos, aumenta los costos de mantenimiento y produce un impacto desfavorable al ambiente.

Ante todo ese desastre, lo que el país necesita es una capacidad ejecutiva urgente para que tome las medidas necesarias en inversión, mantenimiento y mejoramiento de las instalaciones. Pero la solución de Chávez fue crear el 22 de octubre de 2009 el Ministerio de la Electricidad, aumentando así la burocracia y repitiendo el esquema que por once años ha usado, el cual no ha servido para nada, solo para empeorar los problemas.

También es necesario el aporte de los recursos de los organismos oficiales (municipios y gobernaciones). Las deudas de ese sector según directivos de la Federación Venezolana de Trabajadores de la Industria Eléctrica, llegaba en septiembre de 2009 hasta 2,000 millones de bolívares por concepto de facturación.

Pobreza

Al lado del triste panorama que presentaba Venezuela a comienzos del siglo XXI, iba muy de cerca el porcentaje de pobreza que fue, ha sido y será altísimo, porque los «pañitos calientes» como becas, ayudas y misiones de los últimos años dados por el régimen «socialista», no erradicaron la pobreza, sino por el contrario, la aumentaron. En 2007 de acuerdo a las informaciones publicadas por el Gobierno y a las quejas de los usuarios, muchos de los 253,314 becarios y las 432 cooperativas dejaron de percibir el dinero que se les había ofrecido, porque el aporte de PDVSA para esas actividades se redujo al 50% con relación al 2006.

Con todos esos regalos y ante una economía ficticia, Venezuela entró en un caos y enredo difícil de resolver. El término «economía ficticia» lo utilizamos basándonos en la definición del Diccionario Larousse: «Falso, aparente, no verdadero». Todo porque el país no cuenta con la producción mínima para su abastecimiento, sino que incrementa cada día la importación de todo tipo de productos. Aunque el presidente dijo el 24 de abril de 2008 en televisión que Venezuela se autoabastecía y que la producción de alimentos se había incrementado en los últimos 10 años (durante su mandato), según cifras oficiales divulgadas a través de los medios de comunicación, en 2007 se importaron aproximadamente 6 mil millones de dólares en alimentos. Pero en cuanto a otros rubros, el mismo año se importaron unos 45,000 millones de dólares. Mal podría decirse que se estaba ante un país que se autoabastecía.

En este mismo sentido, Chávez dijo que en 2007 se produjeron 1,700 millones de litros de leche y en la Federación de Ganaderos aseguraron que fueron 1,300 millones de litros, agregando que para abril de 2008 la producción de ese producto estaba estancada. El 14 mayo de 2008 se conocieron tres noticias: un exministro de Fomento dijo que solo quedaban 28 millones de toneladas de reserva alimentaria en Venezuela; la Federación Nacional de Ganaderos dijo que temían un nuevo desabastecimiento de leche; mientras el ministro de Alimentación señaló que estaba garantizado el suministro de productos en todo el país.

La escasez de carne en esos días se notaba en los expendios del producto: neveras vacías. En los mercados municipales los propios vendedores dijeron que desde hacía 15 días la entrega de carne por parte de los mataderos había disminuido. Se supo también que de 2 o 3 reses a la semana que compraban normalmente para vender, solo conseguían media res, lo que alcanzaba para 3 días. Tampoco recibían según ellos la carne que suministra PDVAL,[8] mejor dicho la empresa de PDVSA que vende alimentos. La situación trajo como consecuencia el aumento de precios al vendedor y al consumidor. Los mataderos vendían el kilo en canal en 11,200 bolívares, aunque estaba regulado a 7,900.

---

[8] Producción y Distribución Venezolana de Alimentos. *(N. del E.)*

Retroceso

Seguía el festín de entrada de miles de millones de dólares por el alza constante del precio del producto, pero la producción nacional de todos los otros rubros necesarios para el desarrollo, que sería donde se basa el futuro de cualquier población, estaba estancada y en retroceso. Cinco mil empresas cerraron sus puertas de 1999 a 2008, de acuerdo a cifras aportadas por el Instituto Nacional de Estadísticas, todas por no seguir las políticas del Gobierno en ese sector. De allí se explica que desde finales de 2007, Venezuela ha sufrido la escasez de alimentos más grande de su historia.

Para esa época, cuando importaban por ejemplo leche, se hacían colas interminables de personas desesperadas por adquirirla. Pero las compras y colas de la población solo duraban dos días cada vez; la importación de leche alcanzaba para esos dos días solamente, al tercero, los anaqueles de supermercados y abastos estaban otra vez vacíos de leche. Algunos voceros del Gobierno «sugerían» sustituir la leche por otro producto. Todavía hay quien se pregunta: ¿por cuál producto? Sin tomar en cuenta que para los bebés no hay sustituto de leche que pueda ayudar a su desarrollo. Aunque en la década de los ochenta se comentó que familias de muy bajos recursos, les daban a los niños como alimento la comida de perros diluida en agua. Hasta ese extremo se ha llegado en uno de los países con más ingresos petroleros del mundo. Hubo gente que solo comía pastas y el agua donde la hervían, se les daba a los niños en el tetero también. Todo eso sucedía no por falta de productos en esos años, sino porque eran familias que no tenía dinero para comprar alimentos. Tal vez esa es la sugerencia de los políticos en el 2007, que los venezolanos repitan las experiencia de darle cualquier cosa a sus bebés como comida. La situación ahora es de escasez de producción, no de dinero. No es razonable esta situación. Se repetiría entonces la consabida frase «es culpa del Gobierno de turno». Definitiva y claramente lo es.

¿Por qué faltan los alimentos en un país multimillonario en el que sus ingresos por concepto de venta del petróleo les permite hacerles regalos a otras naciones de 400 millones, 500 millones de dólares, y muchos más, repetidas veces? No hay producción interna. Todos los intentos de proyectos agrícolas y pecuarios han fracasado. Sin embargo, los afectos al Gobierno decían que no hay escasez. No se sabe para quién no había o no hay escasez, porque los mercados están vacíos de alimentos. Además, como el caso de la leche, se ven las innumerables personas en línea esperando su turno para tener un cupo de ese producto. La situación de escasez es real. Se ha comentado que los productos importados llegan directamente a las casas de los políticos cercanos al régimen. No habría que dudarlo, ante tanta irregularidad que se percibe.

Parte de la cronología de los planes fracasados del Gobierno en iniciar proyectos y descontinuarlos, podría reducirse a:

- En 1999 comenzaron con el «plan país», el cual incluía el desarrollo de nuevas rutas fluviales conjuntamente con desarrollo de poblados;
- Luego, el «plan pro país», que era la profundización del anterior, y más tarde, el «plan patria» y el «plan pro patria», de 1999-2000. Ninguno resultó.

- Los «fundos zamoranos»[9] que proveía el florecimiento de la agricultura. Se importaron para ese proyecto miles de tractores y herramientas de China, Irán y Argentina, los cuales en 2008 se podían ver abandonados en su mayoría a través del territorio nacional.
- Más tarde surgieron «saraos»,[10] «saraítos», «núcleos de desarrollo endógeno» para afianzar la seguridad agroalimentaria; «cultivos organopónicos», «gallineros verticales», «ruta de la empanada» y muchos otros.
- En abril de 2008 surgió otro nuevo plan que llevó a cabo FONDAS, el Fondo para el Desarrollo de la Agricultura, que según el mismo presidente serviría para producir alimentos y consolidar la seguridad agroalimentaria. Tampoco sirvió.

En abril de 2008, la Alianza Agroalimentaria (AA), dio a conocer algunas cifras sobre la producción de azúcar a nivel nacional derivadas de una investigación y de las estadísticas que esa organización acumuló. Para abril de 2008 el Gobierno había intervenido 32 unidades de producción, lo que afectó 2,400 hectáreas, en los estados Lara y Yaracuy. Si hubieran sembrado esas 2,400 hectáreas, habrían generado 50,000 empleos directos y otros 250,000 indirectos. AA dice que durante 2007 se produjeron 700,000 toneladas de azúcar y que en el 2008 se redujo en un 30-40%. Como consecuencia, en lugar de 300,000 toneladas que

---

[9] Nueva forma de organización social dentro de los campos venezolanos, creada con la visión de recuperar espacios productivos e incentivar la producción agrícola bajo los principios de solidaridad, corresponsabilidad, trabajo cooperativo, solidario y comunitario. Es así pues como los Fundos Zamoranos son vistos como «Asentamientos Humanos para el desarrollo Integral Endógeno y Sostenible». *(N. del E.)*

[10] SARAO: Sistema de Asociaciones Rurales Auto-Organizadas, proyecto innovador de desarrollo del gobierno venezolano, parte del Plan Zamora 2000. *(N. del E.)*

se debieron importar, se recurrió a 400,000 toneladas traídas del exterior. Se produce menos, se importa más, de acuerdo a la lógica. Entonces el azúcar comenzó a escasear también. En Venezuela, según las estadísticas, de marzo de 2007 a marzo de 2008 la inflación general llegó a 29.1% y la inflación en alimentos alcanzó 42.6%. En 2006 la nación se abastecía de carne, mientras en el año 2007 se importaron 100 mil toneladas de carne más que en el 2006.

Muchos veían con pesimismo el desenvolvimiento económico del país. Fue en abril de 2008, cuando el Gobierno prohibió la pesca industrial de arrastre, dejando desamparadas a cientos de familias por la eliminación de los empleos relacionados con esa actividad. Pescadores artesanales y miles de otros trabajadores indirectos quedaron sin trabajo y de inmediato comenzó a escasear en un 80% el pescado en los expendios. Como cosa curiosa, el Gobierno ese mismo mes firmó un convenio con la República de Cuba, para la importación de pescado desde esa isla.

Las deficiencias de todos los servicios alrededor del país para inicios de 2008 persistían. El presidente continuó con su empeño de favorecer a otras naciones, regalándoles millones de dólares y desatendiendo los problemas que agobiaban a la suya propia. Donó cien escuelas a Ecuador en abril de 2008, mientras miles de las instituciones educativas de Venezuela no tenían agua y la infraestructura de incontables de ellas, estaban deterioradas por el paso del tiempo o por falta de mantenimiento. Todas las instituciones escolares necesitaban reparación o sustitución urgente.

El país con la tercera mayor reserva petrolera del mundo, vivió en esos mismos días la incongruencia de escasez de gas y falta de gasolina en los estados Zulia y Táchira, fronterizos con Colombia. Estos productos escasearon en febrero en

Táchira debido al conflicto de Colombia y Ecuador y en el que Venezuela se envolvió gratuitamente y sin necesidad, después que Colombia incursionó en tierras ecuatorianas para atacar un campamento guerrillero, donde murió Raúl Reyes, el segundo de las FARC.

Hubo muchos otros factores a los que obedecía la falta de gasolina, situación que se prolongó por meses. El Gobierno venezolano disminuyó al 20% el suministro de gasolina a la frontera venezolana con Colombia, también congeló los márgenes de ganancia en la comercialización desde 2004 lo que disminuyó a tal punto la entrada de dinero, que no les fue posible a las empresas transportistas hacer el mantenimiento correspondiente de los camiones.

Tanto el gas como la gasolina son transportados en camiones o gandolas, muchos de los cuales dejaron de circular. Y se agravó la situación cuando PDVSA demoró la entrega de los cilindros donde se lleva el gas y que tenían que sustituirse, porque habían sacado de circulación los que se usaban. La escasez intermitente de gasolina en la zona del Táchira acrecentó el problema. El 22 de abril de 2008, el ministerio correspondiente autorizó despachos extras de gasolina, disminuyendo el tiempo en las colas de vehículos que iban a llenar los tanques en las estaciones de servicio, en ¡45 minutos! Por años se comentaba en Venezuela sobre las roscas[11] en el negocio del transporte pesado, sobre todo de gasolina y gas. Los propietarios obtenían ganancias enormes. Si el Gobierno está actuando para eliminarlos, deberíamos aplaudirlo. Pero ¿cuál es la solución que presenta? Solo genera malestar en la población por falta del producto, porque por ligereza están tomando decisiones sin tener

---

[11] Se refiere este vocablo a un círculo formado por personas que en ocasiones apoyadas por el Gobierno, no permiten la participación de otros, a fin de beneficiarse solo ellos en el negocio. *(N. del A.)*

una planificación acorde. ¿No es falta de responsabilidad y de organización? ¿Cuánto dinero y tiempo ha perdido el ciudadano común y los otros comerciantes de la zona? No son ellos los culpables que se haya enquistado una rosca camionera y que cuando quiere eliminarse, si ese es el plan, se crea un problema mayor.

Estos son el abreboca entre cientos de miles de ejemplos de una situación de crisis que vive la nación venezolana. No se explica cómo un próspero país con todos los recursos naturales necesarios para su desarrollo, aceleró su destrucción de manera increíble desde 1998, cuando Chávez comenzó a gobernar. ¿Cómo será posible reparar todo el daño causado durante tantos años y que sigue una carrera desbocada hacia el abismo? No es tratar de transmitir negativismo, sino de constatar una realidad donde los pocos que se benefician económicamente de la bonanza económica venezolana, dicen a cada momento que todo estaba bien en el país; que es la oposición (la que no recibía dádivas del Gobierno) que aumenta todo, porque o estaba pagada por el imperio (¿sería el norteamericano, europeo o el inglés específicamente?), o porque la campaña mediática agrandaba las cosas a su beneficio, ya que todos son golpistas. Eso dicen todos los días los personeros del Gobierno, comenzando por su presidente.

Empresas Polar es una de las principales productoras y distribuidoras de alimentos de Venezuela. A principios de 2008 no había sido ni nacionalizada ni intervenida a pesar de las amenazas públicas que Chávez le había anunciado y que repetían constantemente. Sin embargo, a mediados de mayo de 2008 representantes de esa compañía informaron que recibían lluvias de inspecciones legales que ensombrecían su futuro. Hasta el Instituto Nacional de Prevención, Salud y Seguridad Laborales (INPSASEL) le paralizó nueve líneas de producción el 9 de mayo, por considerar riesgoso el proceso de desecho de vidrios de forma manual, lo que se venía haciendo por años y nunca había causado problemas. Se diseñó posteriormente un cronograma de mejoras en las condiciones laborales de la planta de Los Cortijos, en Caracas, la cual había sido objeto de quince inspecciones de diversos tipos de enero a mayo de 2008. En los primeros meses de ese año Empresas Polar acumuló más de setenta visitas de las autoridades, las que su representante legal calificó como «discriminatorias y arbitrarias». Dos «actuaciones ilegales» y una amenaza explícita de Chávez de intervención pesaban en esa organización empresarial a mediados de mayo.

Chávez había enfatizado el aspecto estratégico del sector alimentos. Refirió el representante legal de Empresas Polar que le decomisaron y vendieron «ilegal y arbitrariamente» harina precocida de maíz, aceite, arroz y crema de arroz que transportaba un camión de distribución en el estado Lara, productos que efectivos de la Guardia Nacional (GN) y funcionarios del Instituto del Consumidor (INDECU) vendieron luego en una plaza de la ciudad de Carora en el mismo estado. En la tercera visita realizada en un mes, funcionarios de GN, INDECU y de la policía científica, solicitaron información sobre los rubros que ellos producían: salsa de tomate, mayonesa, margarina, mostaza y untables de queso, conocidos por todo el pueblo y el país en general, porque se trataba de productos vendidos por años en el mercado venezolano. No se sabe cómo utilizaban una justificación tan absurda.

Una de las amenazas de intervenir Empresas Polar la hizo Chávez en febrero de 2008. La acusó de acaparar productos de consumo masivo y dijo «monopolio que sea sorprendido acaparando, debe ser intervenido y pasar a control del Gobierno», agregando que esta organización era un «ejemplo clarito» de eso. Chávez aseguró que se ha sancionado a Empresas Polar varias veces por las presuntas prácticas restrictivas a la libre competencia, mientras la empresa sostiene que no se le ha podido comprobar delito alguno contra el consumidor, ni fallas en las operaciones, ni acaparamiento de productos, ni ningún tipo de actuación reprochable, por lo que todas las sanciones que se les han impuesto, han sido ilegales. Los inversionistas huyen de hacer negocios con el Gobierno de Chávez.

A mediados de mayo de 2008 un grupo de diputados del parlamento alemán visitó Venezuela con miras a estudiar posibilidades de inversiones en el país. Sin embargo, en las reuniones con sus homólogos venezolanos, plantearon las inquietudes sobre la inseguridad jurídica presente en las recientes nacionalizaciones de empresas. Señalaron que en sus informes tenían el reducido número de empresas privadas existentes, además de la disminución de inversión extranjera en los últimos tiempos; que contaban con el dato que probablemente por falta de inversión en tecnología, la producción petrolera venezolana parecía estar tendiendo a bajar y por otro lado, el país tenía una tasa de inflación bien notable, para lo cual se tomaron una serie de medidas que representan un lastre burocrático. Explicaron además las interrogantes que tienen empresarios alemanes en cuanto a la seguridad jurídica en torno a la propiedad privada y sobre todo para la pequeña y mediana empresa, porque dijeron, no querían poner sus esfuerzos sin saber qué iba a pasar después con ellos.

Uno de los parlamentarios venezolanos explicó a los alemanes, que la Siderúrgica del Orinoco (SIDOR) la nacionalizaron por no cumplir con los trabajadores; la compañía de teléfonos (CANTV), porque al ser estratégicas las telecomunicaciones, no podían estar en manos privadas; y la de cementos (CEMEX), porque había una especie de conspiración al sacar todo el cemento al exterior. Además el diputado les dijo que las condiciones jurídicas estaban dadas para cualquier empresa en Venezuela, pero para las que vinieran a trabajar, que no les interesaba un McDonald, un Arturo, que les interesaba que fueran estratégicas. Pero se contradijo, porque CANTV fue nacionalizada porque es estratégica.

Una caída extrema sufrieron las cifras de inversión alemana en Venezuela, según fuentes de la embajada germana. Se mantenían en mayo de 2008 en 646 millones de dólares, más dentro de la distribución y logística, que en la producción.

En general, las naciones en desarrollo deben ofrecer una percepción de bajo riesgo a los posibles países que pudieran invertir en ellos. Contando con esa seguridad, se les facilita la obtención de préstamos en el mercado internacional a bajo costo y principalmente atraen la inversión extranjera. De esa manera podrían aumentar su producción, fuentes de trabajo y mantener su crecimiento. En 2007, Venezuela fue uno de los países latinoamericanos con menos inversión extranjera, según datos de la Comisión Económica para América Latina y el Caribe (CEPAL), organismo dependiente de la Organización de las Naciones Unidas (ONU), responsable de promover el desarrollo económico y social de la región.

Se suponía que Venezuela era un buen objetivo para las inversiones extranjeras en la compra de bonos, principalmente por el precio de la cesta petrolera a niveles récord, lo que garantizaba recursos para el pago de la deuda externa. Pero por el contrario, crecía la desconfianza. Sorpresivamente, aún cuando hubo aumentos desde 81.80 hasta 112.27 dólares, se incrementó en 1.55 puntos porcentuales el riesgo país. Por el contrario, Brasil, México, Perú y Colombia, registraron descensos en ese aspecto, comparado con el mismo período de 2007. Un estudio de 10 días de mayo mostró que el Global 27, el bono más comprado entre los papeles venezolanos, había caído de 92.2% de su valor a 89%.

Mientras tanto, observadores y analistas económicos sostuvieron que los factores políticos estaban influyendo en la calidad de la deuda. Además se manifestó la influencia negativa en este aspecto de la posible relación del Gobierno con las Fuerzas Armadas Revolucionarias de Colombia (FARC). Los bonos de la deuda comprados por los inversionistas venezolanos, se ofrecieron en venta posiblemente por la misma razón, igual que las casas de bolsa y bancos los ofertaron públicamente y de manera insistente. La nacionalización de varias empresas influyó definitivamente de manera negativa, según observadores, en el exceso de emisión, que viendo el futuro cercano, creyeron difícil mantener los coeficientes de capitalización, lo que podría deteriorar la fortaleza de la banca.

Es oportuno señalar algunos datos ofrecidos por el Ministerio de Finanzas y empresas de fideicomisos y valores. RIESGO PAÍS (RP), es un índice que intenta medir el grado de riesgo que entraña un país por las inversiones extranjeras.

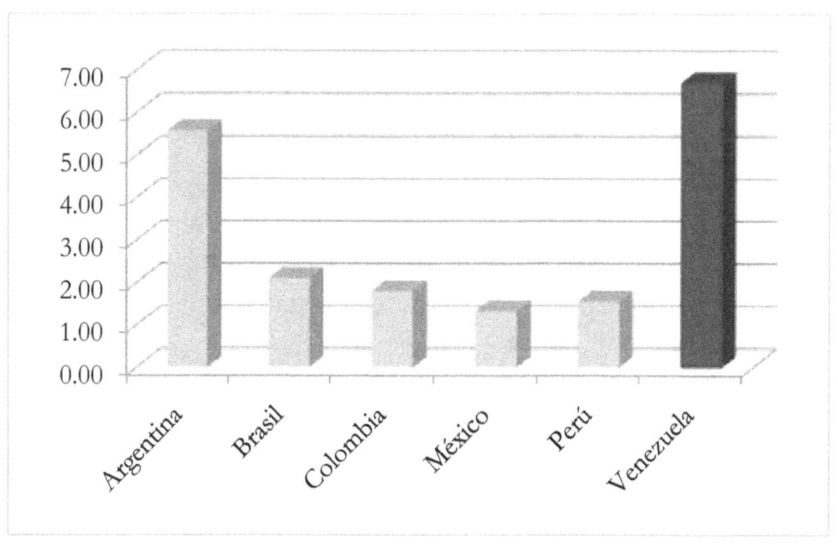

RIESGO PAÍS [en %] de algunos países
(15 de mayo de 2008).

Este índice RP es un indicador simplificado de la situación económica de una nación que utilizan los inversionistas extranjeros como un elemento más cuando toman sus decisiones de inversiones. RP es la sobretasa que paga un país por sus bonos con relación a la tasa que paga el Tesoro de Estados Unidos y se expresa en puntos básicos. Por ejemplo, 100 unidades equivalen a una sobretasa de 1%. Para el 15 de mayo de 2008 esa diferencia se ubicó en 6.7%, lo que supera con creces al resto de las principales economías de América Latina, como puede observarse en la gráfica anterior. Argentina: 5.58%, Brasil: 2.10%, Colombia: 1.80%, México: 1.33% y Perú: 1.56%.

La inflación general de abril de 2007 a abril de 2008 fue de 29.1%, mientras la de alimentos fue 42.6%, con un claro deterioro del poder adquisitivo del venezolano y una erosión del salario real. Hubo un impacto del 8.9% de la inflación nacional acumulada en los primeros 4 meses del 2008. A este respecto se refirió ampliamente un reconocido economista, calificador de riesgo bancario y profesor universitario. Dijo que por razones puramente estacionales, los primeros trimestres son los más antiinflacionarios de cada año. Si el Banco Central pierde la batalla de la inflación en la primera parte del año, la segunda está técnicamente perdida. A partir de marzo comienza el Gobierno a ejecutar el presupuesto nacional, a gastar, viene el gasto público de carácter clientelar en el aspecto político, principalmente en 2008, cuando se celebraron elecciones para gobernadores y alcaldes. Por lo tanto, lo que no se logre en el primer semestre, lamentablemente significa para el Gobierno la pérdida en el control de la inflación para el resto del año.

La inflación del 8.9% en los primeros meses de 2008 fue la más alta de los últimos 10 años, con excepción del precedente con el paro petrolero en 2002, agregó el profesional.

El Ministro de Planificación y Desarrollo dijo que con el aumento del 30% a los sueldos cubría ese porcentaje de inflación y no se afectaría el presupuesto familiar; además de que el tema inflacionario estaba completamente normalizado.

Pero el economista continuó explicando. El Banco Central aumentó las tasas pasivas a finales de abril para cuentas de ahorros (15%) y certificados a plazos (17%), con el fin de promover el ahorro en moneda local porque la balanza de pago o registro contable de ingresos y egresos de moneda extranjera registró un déficit de 5,900 millones de dólares. Pero ingresaron 70 mil millones por venta de petróleo con un superávit muy importante en la balanza comercial, exportaciones contra importaciones. La explicación es que la cuenta de capitales de la balanza de pagos registró un déficit de 23,000 millones de dólares. Pero ¿dónde estaba el dinero?, ¿dónde estaban los 75 mil millones de dólares? La respuesta según el experto: Estaba en reimportaciones y salida de capitales; salida de capitales o repatriación de capitales de empresas extranjeras en el país y exportación de capitales de los venezolanos hacia el exterior. Se fueron esos capitales por la existencia de tasas de interés reales en negativo, tasa que no remunera el ahorro ni conserva el poder de compra del dinero. Dio el ejemplo de si alguien abre una cuenta en enero en el banco, le remuneran un máximo de 17% y la inflación es 30%, la tasa de interés es negativa: menos 13%. Ni las tasas pasivas que los bancos pagan compensan la pérdida del poder adquisitivo. Los ahorros están completamente erosionados por el proceso inflacionario, explicó que es en espiral y lamentablemente, no hay cómo contenerlo.

Y esto ocurrió en el primer trimestre de 2008, año electoral, cuando el clientelismo político es un factor preponderante y el gasto público tendría un impacto muy fuerte en los siguientes meses del año. El Banco Central cambió la metodología del cálculo de la inflación y el índice estuvo manipulado. Un año con un alto índice de inflación, alto costo de los alimentos y un fuerte desequilibrio en el mercado de bienes.

Al mismo tiempo, India y China consumiendo mucho, subieron los precios de los alimentos y a nivel mundial había escasez. En Venezuela, en lugar de incentivar la producción, se atacó al productor agrícola, a los hacendados, a los ganaderos, creando sistemas adversos, incentivos contrarios perversos para no producir internamente, sumado al fuerte desequilibrio en el mercado de bienes. Mucha demanda y poca oferta de alimentos, cuya consecuencia fue y sigue siendo una elevada inflación. Se importó todo. En 2006, 36,000 millones de dólares gastados en importación; en 2007, 45,000 millones de dólares y el mismo paso o mayor en 2008 en importaciones,

Hay un caos monetario en Venezuela, porque ha habido una cantidad inmensa de dinero circulando en la economía, dotando a los agentes económicos con un poder de compra para buscar un producto que no se producía. Explicó el economista que con doscientos billones de bolívares circulando en la banca y economía venezolanas, si se divide entre el cúmulo de acciones para ese momento de reservas internacionales, daba un tipo de cambio que no es 2,150 bolívares por dólar, o el dólar permuta. El negocio o guiso, es cuando se consigue a más de 3,000 bolívares el dólar en el mercado negro.

En 2005 las importaciones no superaron los treinta mil millones, en 2009 se importaron cinco mil millones mensuales, dentro de un caos monetario y con pérdida real. Y la deuda externa e interna se ubicaba en mayo de 2008 en cien mil millones de dólares, con un ingreso superior a los setecientos mil millones en los últimos años. ¿Dónde estaban los reales?

DISCRIMINACIÓN

Hay varios tipos de discriminación de parte del Gobierno de Chávez, pero la política reina en el ambiente venezolano. Ante la Corte Internacional de los Derechos Humanos, un abogado que siendo miembro de la Corte Administrativa del Tribunal Supremo de Justicia y destituido sin base legal según él, acusó formalmente al Gobierno de discriminación política. Explicó que fue execrado del sistema Judicial. Es miembro del Movimiento 2 de Diciembre, que lucha para impedir que el régimen de Chávez implante el contenido de la reforma a la constitución rechazada por todos los venezolanos en diciembre de 2007. Para este abogado, Chávez está gestando un estado de facto mediante mecanismos sub legales y de contenido militarista, apartando a los civiles en la gestión de esos mecanismos e irrespetando como nunca antes en Venezuela el principio de separación de poderes y el de la legalidad. Chávez provoca, según él, que las instituciones llamadas a controlar la gestión pública, de alguna manera participen en una comparsa al margen de la Constitución, violentando las normas. Declaró que:

> El Contralor General de la República aplica una norma inconstitucional como la del Artículo #105 de la Ley, usurpando funciones exclusivas del poder Judicial, aplicando inhabilitaciones políticas a personas que no son funcionarios designados por la administración.

Se refería a las 400 personas que fueron imposibilitadas para nominarse como candidatos en las elecciones de noviembre de 2008, porque tenían acusaciones de mal manejo de fondos o actividades en funciones que desempeñaron en la administración pública, pero que no habían sido condenados por ninguna corte judicial y por ende los delitos no estaban comprobados. Esos ciudadanos contaban con el apoyo de una gran mayoría y su inhabilitación permitió a los candidatos del Gobierno, ganar las elecciones en distintos niveles.

Refirió también el denunciante, que se estaba al margen de una situación constitucional porque se construía a través de la actividad del poder ejecutivo, un Gobierno paralelo, de una presunta legitimidad generada por el propio presidente, pero completamente al margen de la estructura del poder público, establecido en la Constitución. Es una acción, agregó, como un golpe al estado legítimamente constituido porque se gesta el estado de facto, un fraude constitucional.

Hizo referencia al artículo #345 de la Constitución, el cual señala, que una reforma sometida a referendo de la población y que no se ha aprobado, no puede presentarse nuevamente a consideración, ni materializarse de ninguna manera, sino después de concluido el período constitucional en el que se hizo esa consulta. Hizo un llamado para agotar todas las instancias nacionales e internacionales, en el reclamo al derecho de todos los venezolanos. Chávez ha ido introduciendo los artículos de esa reforma rechazada a través de leyes aprobadas por la Asamblea Nacional. ¿Es eso legal?

Otra discriminación pública la constituye el caso de las listas de personas que hicieron circular miembros del Gobierno por haber firmado en contra de los lineamientos de Chávez. A quienes firmaron no se les permite trabajar en ninguna entidad oficial, es decir, son tratados como que si no fueran venezolanos, sin ningún derecho. Lo mismo ocurre con quienes no pertenezcan al partido de Gobierno. Y es necesario mencionar a los miles de profesionales que Chávez despidió sin pagarles ni siquiera sus prestaciones, tras la huelga que sostuvieron en PDVSA defendiendo sus derechos laborales. Sin duda, el mandatario inició el deterioro de la compañía que era un modelo de organización en todo el mundo y hoy su funcionamiento está convertido en un caos, como todo el país.

El 15 de enero de 2004 en su mensaje de presentación de cuentas a la Asamblea Nacional, Chávez dijo:

> Lo de PDVSA era necesario, aunque cuando yo en un «Aló Presidente» empecé a botar gente, estaba provocando la crisis. Cuando nombré a Gastón Parra y la nueva junta directiva, estaba provocando la crisis. Ellos [la gente de PDVSA] respondieron y se presentó el conflicto. Era necesaria la crisis.

Esta declaración podría señalar a Chávez como incitador a conflictos y podría usarse en su contra en un juicio legal, por todas las consecuencias que le trajo al país esa decisión. Discriminación es hacer juicio amañado a unos y dejar en libertad a otros, cuando las actuaciones de ambos lados han sido vistas por todos en los canales de televisión y ha estado claro para el público cuál es la verdad, siempre contraria a las decisiones del Gobierno. Condenaron a veinte o treinta años a comisarios y efectivos de la Policía Metropolitana por su participación en los sucesos del año 2002, donde ocurrieron muchas muertes, mientras a los que se vieron disparar que eran afines al Go bierno —unos 67 pistoleros identificados—, están en la calle libremente.

De los cuarenta y siete presos políticos para septiembre de 2009, muchos permanecen allí sin juicio, esperando no se sabe qué, cuando no se les ha comprobado en la mayoría de los casos delito alguno. Algunos de ellos enfrentan una cosa que el

Gobierno llama «justicia», solo por participar en protestas en contra de medidas que Chávez ha tomado y que no benefician sino que perjudican a la mayoría. Repetimos, decimos Chávez porque él mismo habla de su poder y se ve cuando hasta las sugerencias que da ante los medios de comunicación, son tomadas al pie de la letra por los encargados de los otros poderes públicos y de organizaciones burocráticas.

IRREGULARIDADES EN TODAS PARTES

Chávez ha sido denunciado por «peculado de uso» en varias ocasiones ante los entes judiciales correspondientes, pero hasta ahora no se conoce de investigación alguna y mucho menos de decisiones que se hayan tomado al respecto. Un exdiputado a la Asamblea General llevó un caso ante la Fiscalía General solicitando se investigara la utilización de recursos públicos para beneficiar a un ente privado, el partido de Gobierno y el abuso de los medios del Estado, utilizado solamente por personajes oficiales.

En cuanto a las comunicaciones televisivas, la comisión que regula las comunicaciones (CONATEL) se dirigió a las diferentes empresas privadas, diciéndoles que todos lo que retransmitieran o utilizaran de la señal del canal oficial (VTV), tenían que pagarlo. Dieron un monto de 434 millones de bolívares la hora de lo que se transmite por el canal oficial. Pero dentro de la programación de VTV, sus espacios se utilizan casi exclusivamente para el desarrollo de las actividades del Partido Socialista Unido de Venezuela (PSUV), principalmente en momentos en que se llevan a cabo elecciones. En un solo ejemplo, si se toma como base lo que pretendían cobrarle a las televisoras privadas, el viernes 23 de mayo de 2008, transmitieron 89 minutos de un programa del PSUV, 1,200 bolívares por segundo, para una deuda de 623 millones de bolívares que ese partido y el Gobierno le deben al canal de todos los venezolanos. La pregunta es: ¿quién paga eso? Por ese canal se transmiten noticias, asambleas, reuniones, jornadas y cualquier tipo de evento del PSUV.

De acuerdo al monto que exigen para usar su imagen, la Unidad de Seguimiento Anticorrupción de un partido de oposición, que investiga los gastos públicos y les hace seguimiento, hizo el siguiente análisis: 89 minutos diarios transmitidos en propaganda y convocatorias a reuniones del PSUV equivale a 640,000,000 bolívares. Pero transmiten diariamente 18 informaciones donde se excluye a otros partidos. También se sabe que Chávez muchas veces habla como presidente de ese partido. La presidenta del Consejo Supremo Electoral informó que las elecciones primarias del PSUV, que se celebraron el domingo primero de junio de 2008, le costaba al país entre 4 y 5 mil millones de bolívares. En estos casos nunca se ha investigado a nadie. El partido chavista informaba en algunas ocasiones de rifas y cenas que hacían para cancelar la deuda de su propaganda; ojalá les haya alcanzado para salir de ese compromiso.

Pero hay algo más. Todos los días aparecen en los periódicos avisos pagados por el Gobierno, como «tertulia socialista en homenaje a Carlos Marx», una página informando de casos policiales resueltos, como que la criminalidad la resolvió el Gobierno, felicitaciones al Ministerio de la Cultura y miles más. Son aproximadamente 2,500 millones de bolívares DIARIOS en publicidad, unos 75,000 millones de bolívares mensuales. El PSUV anexó a los diarios de todo el país un folleto con la lista de candidatos para las elecciones primarias el cual salió de la misma agencia de publicidad de donde salen todos los avisos de prensa publicados por PDVSA. ¿Podría ser PDVSA la caja chica que paga todo eso?, ¿así como el millón de franelas rojas que compró en China para los partidarios de Chávez?

¿ASESORÍAS DE QUÉ A LA POLICÍA?

El tema de la asesoría de las policías cubana y nicaragüense a la nueva Ley de Policía Venezolana, es un tema que analizaron muchos expertos en la materia. Un ciudadano de origen cubano, quien presidió un partido demócrata cristiano allá, participó en el derrocamiento al Gobierno de Batista, vivió el régimen de Castro, y con más de cuarenta años de residencia en Venezuela, dio su opinión por televisión. Sobre sus conocimientos de la policía cubana, se refirió a lo poco que Cuba puede ayudar a Venezuela, donde se ha producido un genocidio hamponil de 150,000 muertos en los últimos 10 años. Se pregunta que si se tiene un equipo de fútbol, ¿para qué traer entrenadores de *baseball*? Impartirían valores socialistas, pero no necesariamente de lucha contra el crimen. La sociedad cubana es tan diferente a la venezolana, que no entiende cuál sería la función de ellos entrenando a los venezolanos. Explicó que en Cuba nadie puede tener un arma y nadie está armado allí. Allá no hay la complejidad poblacional de Venezuela; hay una sociedad completamente domesticada, controlada, regimentada. Dice que el propósito debe ser otro, ir más allá, deben existir otros planes, que no son necesariamente formar la policía humanista.

La policía cubana no hace la represión, hace vigilancias en una sociedad regimentada por el Gobierno. La vigilancia política la hacen los Comités de Defensa de la Revolución (CDR) en cada cuadra, que a su vez le reportan al Ministerio del Interior; las Brigadas de Respuesta Rápida, grupos de choque controlados por el Ministerio del Interior también, que pintan las casas de los disidentes con grafitis, golpean a las personas, les dan patadas, los arrastran y luego llega la policía a poner orden.

Indicó que en Cuba no se protesta, cualquier manifestación de disidencia es un delito no político, sino contra la seguridad de la nación. Toda la sociedad cubana se rige por el artículo cinco de la Constitución, el cual establece que toda la sociedad está dirigida por el Partido Comunista de Cuba. Por eso, dice, son dos realidades tan diferentes la cubana y la venezolana. El policía en la Isla es uno solo, civil, con labores de vigilancia, el policía de punto, el de la cuadra.

Chávez dijo en televisión que una condición indispensable para formar la nueva policía nacional era ser revolucionario, nuevos hombres, lo que se inscribieran en el partido del Gobierno, el PSUV.

El Ministro del Interior venezolano dijo que tenían en el país al Comisionado Subdirector General de la Policía de Nicaragua, con quien se organizarían mesas de trabajo para intercambiar experiencias. También informó que estaba en Venezuela el segúndo de la Policía Nacional Revolucionaria de Cuba, otra experiencia extraordinaria para formar un cuerpo policial más humano al lado de su pueblo, compartiendo y conviviendo con el pueblo; un cuerpo totalmente socialista. Aseguró el funcionario que son dos policías, la de Cuba y la de Nicaragua, exitosas y probadas.

En ninguno de esos países hay la violencia que se desató en Venezuela. Esos policías no sabrían cómo actuar en una situación así. En Cuba el Estado totalitario crea en cada ciudadano su propio policía. Cada cubano es un agente policial que se dice a sí mismo hasta dónde puede llegar, por dónde puede moverse, antes de que le caigan las Brigadas de Respuesta Rápida a palos. Y Nicaragua es otra circunstancia, cuyos cuerpos policiales estarían poco capacitados para ayudar a los de Venezuela.

Esto demuestra también que a Chávez no le importó el resultado de la elección de diciembre de 2007, cuando no se le aprobó su propuesta de rehacer la Constitución y donde establecía la creación de una nueva policía.

La violencia e inseguridad en Venezuela

Tenemos que ir a la raíz, a los móviles y a las consecuencias de la violencia en Venezuela en los primeros años finales del siglo XX y principios del siglo XXI. Pero hay que remontarse a cuando surge el *boom* petrolero en el país a principios del siglo XX, cuando se inicia también la gran marcada diferencia entre pobres y ricos, porque siempre esa fatal división existió y existirá en todas partes: los que se benefician de manera definitiva de los grandes ingresos y los que continúan o en la misma pobreza o que nunca reciben el suficiente impulso para situarse en una posición digna y acorde con los movimientos de prosperidad que sacuden al país.

A la par con el petróleo, comienzan a surgir abiertamente los partidos políticos, cuyos participantes buscaban, buscan y buscarán solo su conveniencia. Esta no es una apreciación alegre, sino el reflejo de la realidad dentro de la fauna política del país y sus consecuencias en estos años, con el trabajo que han hecho. Muchos de los miembros de esos partidos pasan del estrato más pobre al más rico de la noche a la mañana y se olvidan fácilmente de los que vivieron con ellos sus mismas condiciones de escasez.

Se nota la bonanza en ciertos aspectos y sectores, pero la desidia y la dejadez en la otra mayoría. En los setenta y ochenta hubo momentos cuando se vieron intentos tímidos para incentivar la agricultura. Se daban millones en préstamos, pero no hubo asesoría técnica, ni seguimiento organizado del Gobierno a ese tipo de inversión. El dinero se diluyó y la agricultura no prosperó, al menos a nivel de la gente del pueblo, que tuvo cierto acceso al dinero para trabajar la tierra, pero no a la tecnología necesaria para esas actividades cuyos cultivos rápidamente se secaron, murieron o desaparecieron, junto con el dinero que habían recibido del Gobierno.

Esa ha sido la historia repetida época tras época en Venezuela. Solo bastaba con viajar de un estado a otro y observar las grandes extensiones de terreno ociosas, tristes, solas. Y allí la gran añoranza e impotencia de no ver la agricultura participar como parte fundamental del desarrollo del país. Hoy ocurre lo mismo: Chávez ha intervenido, confiscado, negociado y muchos tantos otros procedimientos en el campo, pero la situación sigue peor. El Gobierno intervino grandes extensiones de terrenos, algunas de ellas productivas, y ahora lucen ociosas, tristes, solas, lo que trajo mucha más pérdida.

Solo se veía movimiento en los campos petroleros. Era la esperanza. Pero una esperanza que solo fue y ha sido la base para reconocer a Venezuela como uno de los principales exportadores de petróleo del mundo. Ese es el mérito, mientras en sus adentros, en su diario vivir, el subdesarrollo la consume y no se detiene. Con esa desesperanza las bases y raíces del país continuaban carcomiéndose por la violencia, el desinterés de los diferentes gobiernos, el atraso, el paso atrás al desarrollo; el caos en casi todos los niveles.

Era bien agradable ver la atención integral que se le daba al ciudadano en los hospitales de las compañías americanas que operaban los campos petroleros antes de la nacionalización del petróleo. ¿Que las compañías americanas se llevaban la mejor tajada del beneficio del petróleo para su país? Bien, nacionalizaron la industria, pero no continuaron ni mejoraron la misma calidad de asistencia a los enfermos venezolanos. Al contrario, se descontinuó. Los hospitales, aún los de los campos petroleros —los únicos que servían—, dejaron de representar la seguridad del enfermo, se politizaron, se deterioraron. Se demostró que los venezolanos no podemos con la prestación de servicio público hospitalario y médico y al parecer con ningún otro. Y eso fue sucediéndose en casi cinco décadas. Porque no ha sido falta de dinero. Dinero ha habido hasta para repartir en forma gratuita a otros países.

En Venezuela, la política mal dirigida corroe los cimientos de todas las bases de una sociedad. Pero no solo no se atiende ni funciona la salud. Si se hace un análisis en Venezuela de la educación, la seguridad, el mantenimiento, las buenas costumbres, las normas del buen vecino, todo ha ido en retroceso, nada mejora, nada progresa. Repetimos, solo los que se acercaron o se acercan a los círculos gubernamentales mejoran para sí mismos y para quienes los rodean. Parece real la creencia que el dinero cuando viene en abundancia porque la naturaleza lo proporciona de alguna manera, envilece al individuo. Su prosperidad es ficticia o al menos en Venezuela, es para pocos.

Porque en el año 2007 el Gobierno hasta envió en forma gratuita asfalto a otros países para que arreglaran sus vías de comunicación terrestre. Si en las ciudades el deterioro de las vías es evidente y criticable, en el medio rural es difícil sacar lo poco que se produce a los mercados de consumo, precisamente por el estado de las vías, algo que ya mencionamos. Es triste repetirlo, pero las carreteras venezolanas solo se vieron nítidas y transitables cuando las compañías petroleras extranjeras trabajaban en los pueblos. Todo era organización, no había un hueco que no se tapara inmediatamente cuando aparecía. El mantenimiento era digno de referencia. Y no solo se trataba de calles, también de acueductos, cañerías, alambrado y alumbrado eléctrico, instalaciones de gas, arborización y muchos otros detalles importantes para el funcionamiento de cualquier ciudad, pueblo o país.

Se «nacionalizó» la industria porque el dinero que producía iba al imperio y Venezuela no percibía lo que correspondía. Pero todo cambió para peor sumado a que hoy, están dentro de esa «nacionalización», España, Cuba, Rusia y todos los países cuyos presidentes o dictadores son amigos de Chávez. No hay explicación para eso.

Toda esa circunstancia nefasta ha traído desempleo y las personas sin nada que hacer inventan, pero cosas incorrectas. La violencia en Venezuela viene de lejos aunque con el Gobierno de Chávez (muchas veces incitada por él) se desbordó. Los afectos a su Gobierno aseguran que es debido a las campañas mediáticas, que todo es culpa de los medios de comunicación por informar lo que ocurría, además de la CIA, el presidente norteamericano, los oligarcas, la oligarquía venezolana. Pero el presidente, cuya voz es atendida por todos los organismos gubernamentales, no hizo nada. Es decir, si él da la orden de mejorar las cosas, se hacen, si no, no. Y no la ha dado. Solo se oyen sus peleas con presidentes de otros países entre insultos y ofensas, chistecitos desagradables ante las cámaras de televisión o humillaciones a sus subordinados, pero ninguna decisión de arreglar a su país.

Cada día surgen nuevos ricos, multimillonarios cercanos al Gobierno. Unido a la compra de material armamentista y bélico en grandes cantidades, para defenderse del ataque de Estados Unidos, que según el presidente era inminente y ahora también lo es de Colombia por la instalación según él de bases militares estadounidenses en su territorio. Mientras, los pobres reciben limosnas con cara de «becas» o ayudas que se multiplicaron, pero que tras la situación económica mundial y la baja en los precios del petróleo, de alguna manera a muchos les dejan de llegar. Limosnas que les permite «sobrevivir», pero no los prepara para producir y trabajar. Los hospitales, las calles, la administración del Estado en general, de mal en peor. Lo que tal vez no se había vivido con tanto realismo en toda la historia de Venezuela, había sido la escasez de productos alimenticios y de otra índole, como papel sanitario, productos de limpieza y de baño, piezas de automóviles y mucho más. Y a finales de 2007 fue desesperante para muchos sectores de la población no encontrar en los anaqueles de los mercados huevos, leche, azúcar, aceite, carnes, artículos de aseo y víveres de todo tipo.

Sumado a la escasez, a la falta de servicios médicos públicos dignos, surge brutalmente la violencia e inseguridad en el país. En cuanto a la salud, aunque el Gobierno ataca la medicina privada por las ganancias que percibe, es muy difícil para la gran masa del pueblo acudir a esas clínicas. Venezuela enfrenta un gran problema de deterioro en la educación y lo mucho más grave, la inseguridad del ciudadano en calles, casas, iglesias, mercados, hospitales, mejor dicho, en todas partes.

Los partes policiales, la población en la calle que comenta, los periodistas que investigan, las fuentes que aunque no se den a conocer lo dicen, todos informan del aumento de muertes en el país debido a la violencia. Se conoce de grupos que el Gobierno ha armado porque forman parte de su defensa, quienes cuentan con la impunidad gubernamental total. Se compran armas por cantidades multimillonarias. El presidente a través de un programa televisivo dominical siembra odio y división en la población. Además, defiende a quienes han cometido delitos pero que son afines a su Gobierno, dando pie a que continúe la impunidad y facilidad para el aumento descabellado de la violencia. Los afectos al Gobierno dicen que las campañas mediáticas informan exageradamente de esos delitos y acusan a los medios de sobredimensionar el problema de la inseguridad. Hasta en los bancos hay complicidad, porque no se explica que al salir de esas entidades atraquen a algunas personas y en algunos casos les digan los criminales: «Dame los X millones que acabas de retirar del banco». En ocasiones detienen a los delincuentes pero en pocos días andan en la calle libremente. El tráfico de drogas y consumo de licor callejero se ha incrementado ante la vista de alcaldes, gobernadores, policías corruptos y cuerpos de seguridad del Estado.

Ya en 2007 se comentó acerca de la cantidad de armas que ilegalmente estaba en manos de la población y que se dejaba libre a cualquier cantidad de delincuentes y asesinos de las cárceles. A esto se sumó la creencia de que en las filas de los cuerpos policiales había muchos delincuentes, situación que posteriormente se comprobó cuando despidieron un gran número de funcionarios precisamente por mal comportamiento y que según el Gobierno, estaban limpiando esas organizaciones.

El Gobierno les quitó las policías a los municipios donde los partidos de oposición ganaron las elecciones pasadas y las pasó al poder central. Por lo menos en Caracas fueron cuatro las alcaldías. Y sucedió como todo lo que toca, empeoró el servicio. Porque nunca podría funcionar igual una entidad descentralizada, como en esos casos, a nivel pequeño. Y si nos referimos a todo el conjunto, al país entero, la burocracia gubernamental de Chávez con su incapacidad y corrupción demostrada durante once años, no ha podido ni podrá combatir la inseguridad.

Existían módulos policiales diseminados en toda el área de Caracas. Ahora muchos o están cerrados, o no tienen personal asignado, u otros cierran a las cuatro de la tarde porque realizan labores «administrativas». El parque automotor es una vergüenza, no hay patrullas, motos, furgonetas fúnebres ni ambulancias para prestarle un servicio eficiente a la población.

Se están cometiendo los crímenes más violentos que se hayan conocido jamás; hay secuestros de todo tipo, hasta *express*. Las estadísticas horrorizan cada semana, principalmente sábados y domingos. Las morgues no se dan abasto, porque no hay capacidad para tanto cadáver, porque no hay patólogos o algo fuera de lógica, no hay furgonetas para trasladar los muertos, aún cuando Chávez regaló a mediados de 2009 casi doscientas a Bolivia. No se puede creer. Pero sí hay una novedad. Ahora instalaron un aparato de televisión en la morgue de Caracas, en la sala de espera de los familiares, para que se distraigan y vean películas.

En julio de 2003 el Gobierno incorporó nueve funcionarios con títulos de medicina integral — obtenidos en Cuba—, a la morgue de Caracas, al parecer para paliar el déficit de patólogos. Se conoció en fuentes policiales que los presuntos médicos aseguraban que aprenderían «poco a poco», mientras el Gobierno les dé un postgrado en una de sus universidades. Se teme que los procedimientos realizados por ellos no tengan los resultados correctos, porque desconocen el trabajo.

La morgue de Caracas tiene muchos problemas. Falta de personal tanto de médicos, como de patólogos, forenses, secretarias, odontólogos, antropólogos, psiquiatras, psicólogos, expertos en histología, técnicos radiólogos, personal administrativo de otras ramas, que al parecer se han ido retirando por los bajos sueldos y porque son obligados a participar en marchas y reuniones del partido de Gobierno. Allí se atienden hasta cien cadáveres semanales, que llegan tanto de la ciudad capital como de otras vecinas. Los malos olores de formol, creolina y la descomposición de los cuerpos que emanan de ese centro mantienen a los vecinos en zozobra, tanto por el desagrado como por la posibilidad de infecciones.

Fallas de electricidad y falta de agua potable son otros males de ese centro asistencial, que ya cuenta con treinta y cinco años de fundado y cuyas instalaciones no están aptas para el aumento de actividades que allí se realizan. Hay falta de equipos como guantes y tapabocas para manipular los cadáveres, que muchas veces se descomponen y por eso el olor nauseabundo del ambiente. Esta institución inicialmente se proyectó con doce cavas,[12] pero actualmente le faltan muchas más, debido a que se ha multiplicado el número de cadáveres a atender. Un patólogo debe realizar al menos cuatro autopsias por día en días normales, pero los fines de semana reciben hasta sesenta cuerpos y un solo profesional jamás podría hacer ese trabajo. Por protocolos internacionales un patólogo debe realizar una autopsia cada tres horas.

Además, no cuenta con el espacio adecuado para el servicio que presta. No hay estacionamiento para vehículos y como está en una vía residencial normal, hay tráfico de vehículos privados, carros fúnebres y los de los familiares que vienen por sus parientes. Por varias razones hay lentitud en la entrega de cadáveres, algunas veces por procesos legales o porque no los recogen las familias a tiempo. Hasta se comenta del tráfico de influencia o de dinero: el que pague, saca primero a su muerto. Ocurren atracos en los alrededores con el consabido escándalo que perturba también a los vecinos. Y muchos más males acontecen en la morgue de Caracas sin que las autoridades hagan mucho. Pero no solo la de Caracas tiene tantos problemas. Según reseñas de los medios de comunicación del interior del país, a la mayoría de las morgues les falta espacio, tienen las cavas dañadas, no tienen seguridad, o carecen de carrozas fúnebres. Es decir, es otro de los grandes males que Venezuela vive y Chávez no atiende.

Cárceles

Si hablamos de inseguridad tenemos que mencionar a las cárceles. Esa es otra de las grandes calamidades que enfrenta Venezuela, al extremo que el Fiscal General de la República informó en algún momento acerca de seis millones —léase bien,

---

[12] Máquinas frigoríficas. *(N. del E.)*

SEIS MILLONES— DE EXPEDIENTES SIN PROCESAR, y por supuesto enumeró todo tipo de obstáculos para realizar ese trabajo. Pero mientras eso ocurre, en las cárceles los presos se consumen en vida.

Huelgas de detenidos estallan casi todos los días y a nivel nacional. Los recintos están llenos de drogas y armas, aún cuando los guardias hacen revisiones extremadamente minuciosas a los familiares, asegurándose que el suministro lo hacen los mismos miembros de la seguridad. Las familias se auto secuestran dentro de las prisiones en días de visitas para protestar por el mal trato a sus allegados, por la lentitud procesal, por los traslados a otros correccionales que ellos no desean, por la mala comida, por las deficiencias en el transporte para llevarlos a los tribunales y por innumerables razones más.

Hay sobrepoblación carcelaria; casi a diario aparecen reclusos muertos tras acciones violentas entre ellos mismos o por enfrentamiento con los policías. Son edificios antiguos, deteriorados, que no cuentan con la más mínima comodidad ni amplitud para ser humano alguno; no tienen programas de educación ni formación para mantener a los allí confinados en labores dignas y que les proporcionen cierto optimismo ante una situación tan adversa como la que viven.

La realidad de las cárceles venezolanas es realmente cruel y Chávez en diez años no ha hecho nada para mejorarla. Algunas estadísticas señalan que por ejemplo en el 2008, hubo 65 huelgas de hambres en diversas prisiones; 10 auto secuestros o privaciones voluntarias de libertad de familiares; 165 motines en casi todos los penales con saldos trágicos; en 21 ocasiones decenas de internos se cosieron sus bocas como protesta para solicitar traslados a sus penales de origen; 445 reclusos fueron asesinados y otros 1,133 resultaron heridos, en la mayoría de los casos las víctimas fueron atacadas con armas de fuego, prohibidas en los recintos carcelarios.

Más violencia

Sumado a la escasez y a la falta de servicios médicos públicos dignos, surge brutalmente la violencia e inseguridad en el país. Y se acrecentó a partir de 1999. En cuanto a la salud, Chávez y sus secuaces han atacado a la medicina privada en el país —lo único que funciona en este campo—, por las grandes ganancias que según ellos, perciben, aunque es muy difícil para la gran masa del pueblo acudir a esos servicios, precisamente porque no cuentan con el dinero para pagarlos. Pero mientras Chávez los critica, el servicio público de salud empeoró y se volvió un caos. Tal vez si hubiera coordinado acciones con los privados, el venezolano contara hoy con un beneficio de salud ampliado. Venezuela enfrenta un gran problema de deterioro en la educación y lo más grave, la inseguridad del ciudadano en calles, casas, iglesias, mercados, mejor dicho, en todas partes, aumenta cada día.

Los partes policiales, la población en la calle que comenta, los periodistas que investigan, las fuentes que aunque no se den a conocer lo dicen, todos informan del aumento de muertes en el país debido a la violencia. Se conoce de grupos que el Gobierno ha armado porque forman parte de su defensa. Se importan armas por cantidades multimillonarias. El presidente a través de su programa televisivo dominical siembra odio y división en la población. Además, defiende a quienes son afines a su Gobierno y han cometido delitos, dando pie a que continúe la impunidad y facilidad para el aumento descabellado de la violencia.

En junio de 2004 un grupo de seguidores de Chávez se robó un camión cerca de Radio Caracas Televisión (RCTV), lo llevaron a la puerta principal del canal y lo incendiaron luego de rodearlo con pacas de heno. Centenares de trabajadores estaban dentro de las instalaciones de RCTV, con la suerte que ninguno resultó herido. Y el Gobierno no hizo nada contra los atacantes. En esa época fueron más de mil los periodistas agredidos por la misma gente de Chávez, cuando cumplían con su labor de reportar en las calles, principalmente de Caracas.

Las Fuerzas Armadas Nacionales (FAN) fueron neutralizándose poco a poco en el Gobierno de Chávez. En mayo de 2008 los militares retirados descontentos por la politización de sus filas solicitaron un referendo en las FAN por el estado de desasosiego y la incertidumbre en que vivían. Se refirieron también a la corrupción reinante y la falta de capacidad de respuesta del Gobierno a los problemas. Sostuvieron que Chávez y su gente habían dado un golpe de estado a Carlos Andrés Pérez en 1992 por esos mismos motivos y ahora en su Gobierno no había revolución, sino un relajo porque el presidente desvió el camino, ahora era un autoritario, déspota arbitrario y tirano. Agregaron que más de mil quinientos efectivos militares habían solicitado su retiro y más de quinientos estaban en sus casas aislados por el Gobierno y sin paga.

Un ejemplo ilustrativo: el 17 de septiembre de 2008 el Gobierno informó de otro de las docenas golpe de estado que se planeaba para tumbar a Chávez, adornado otra vez con la figura del magnicidio. Al día siguiente, un grupo de dirigentes del chavismo fue a la Fiscalía General de la República a denunciar el caso. Se reunieron en la puerta del ente fiscalizador y pronunciaron discursos contra los opositores del Gobierno. Entre los líderes parlantes estaba el alcalde del municipio Libertador y además candidato para otra alcaldía. En su discurso dijo entre otras cosas:

> Si asesinan a Chávez no vamos a venir a la Fiscalía, vamos a ir donde están los responsables, los vamos a quemar vivos para que

respeten más de mil años a Venezuela, a la revolución, al socialismo. Así que ya saben, capilla ardiente, vayan ubicando a cada quien de esos batallones socialistas, donde está el centro de poder más cercano a Uds. Ubiquen sus líderes, sus cabezas, las grandes mansiones, los grandes medios de comunicación, vayan ubicándolos, háganse un plan, pónganse de acuerdo, engrasen lo que tengan que engrasar[13] y preparen lo que tengan que preparar. Organicen como Uds. saben que tienen que organizar, y si se vuelven locos, ya Uds. saben, ahí no hay que esperar ninguna orden. Si aquí ocurre una locura, Uds. saben lo que hay que hacer: Levantarse, hacerse la cruz y decir que dios nos bendiga y hasta la victoria siempre, patria, socialismo o muerte, venceremos.

Por supuesto, la Fiscal General de la República no salió a la puerta del edificio y tampoco dijo nada, ni se criminalizó al que daba el discurso por incitar al delito. La actitud de la fiscal recordó el refrán de que «El que calla otorga». Un discurso público así es instigación al odio entre los ciudadanos, a la delincuencia. Posteriormente ese personaje fue designado por Chávez Secretario del Consejo de Ministros, tal vez por su capacidad de dar discursos acalorados o por haber perdido la alcaldía en las elecciones pasadas ante un opositor al Gobierno.

En ese sentido, la Convención Americana sobre Derechos Humanos,[14] Artículo 13 #5, señala:

> Estará prohibida por la ley toda propaganda en favor de la guerra y toda apología del odio nacional, racial o religioso que

---

[13] Se estaba refiriendo a las armas. *(N. del A.)*

[14] La Convención Americana sobre Derechos Humanos, también conocido como Pacto de San José de Costa Rica, se suscribió en San José de Costa Rica el 22 de noviembre de 1969, en la Conferencia Especializada Interamericana sobre Derechos Humanos. Hasta el momento (de publicación de esta segunda edición), veintidós países americanos son signatarios de esta. *(N. del E.)*

> constituyan incitaciones a la violencia o cualquier otra acción ilegal similar contra cualquier persona o grupo de personas, por ningún motivo, inclusive los de raza, color, religión, idioma u origen nacional.

Los afectos al Gobierno de Chávez dicen que las campañas mediáticas informan exageradamente acerca de los delitos. Un ejemplo cercano lo comentó un periodista que siempre ha mantenido su tendencia política izquierdista y que por supuesto, es afín al Gobierno chavista. Él dice que «la guerra informativa es terrible y solo un diario, mantiene un equilibrio comprobado». Señala que ese periódico pese a su acostumbrada línea de ir preferentemente hacia los sectores más populares, le saca punta sobredimensionada al problema de la inseguridad, a tal punto, que si alguien se muere de un ataque de caspa le echa la culpa a la «falta de gobierno». Se conoce de advertencias hechas al Gobierno que de entre los atracos, arrebatones y robos a mano armada a quienes sacan dinero de los bancos, había complicidad por parte de estos últimos. Pero los comentarios van más allá. Se dice que el tráfico de drogas y consumo de licor callejero y libre, lleva a más homicidios por ineptitud de alcaldes, gobernadores, policías corruptos, cuerpos de seguridad del Estado, malamañosos, para más angustia de la que vive el venezolano. Definitivamente el Gobierno no pone atención porque no lleva a cabo programas ni de prevención ni de erradicación de la delincuencia, y de casi nada, de acuerdo con la realidad.

Fue un comentario insistente en el año 2007 que desde hacía siete años había muchísima gente armada en el país, que dejaron libre de las cárceles a cualquier cantidad de delincuentes y asesinos, a lo que se sumó la creencia de que los cuerpos policiales tenían en sus filas cantidad de delincuentes.

Es una constante en Caracas el abuso de los motorizados, quienes siempre hicieron y hacen lo que les da la gana. Desarrollan las velocidades que quieren, circulan por aceras, no circulan detrás de los vehículos sino entre ellos, van en vía contraria a lo que establecen las señalizaciones del tráfico, y pobre del que por alguna razón tropiece o tenga un accidente con alguno de su grupo. En segundos llegan docenas de motorizados a amedrentar al supuesto victimario y aunque el motorizado haya sido culpable del accidente, siempre es la víctima. En innumerables ocasiones sacan cadenas de metal para agredir a otros choferes o a quienes tratan de defenderse de ellos, pero al estar los motorizados en mayoría, el otro no puede hacer nada. Incontables heridos han salido de esos desafortunados encuentros, y muertos también. Desde el inicio del régimen chavista, se repartieron motos a personas de los barrios que luego formaban los llamados «círculos bolivarianos». Eran escuadrones armados en grandes cantidades, con la anuencia y apoyo, además, de las autoridades y hasta del presidente de la República. Se sabe que la Comandante Lina Ron, enjuiciada en septiembre de 2009 por atacar violentamente al canal Globovisión, cada vez que sale a protestar o a mostrar públicamente su descontento sobre algo que se oponga al Gobierno, lo hace acompañada por centenares de motorizados armados.

Se cuentan muchos sucesos relacionados con los motorizados. En diciembre de 2006 por ejemplo, en una de las autopistas principales de Caracas, un motorizado con una moto identificada como propiedad de la policía metropolitana, se bajó de ella en plena vía e insultó al chofer de un vehículo que se le atravesó al cambiar de canal.[15] El individuo sostuvo que no esperaba encontrarse con una moto al lado, en su mismo canal de circulación. El motorizado insultó a este señor con todo tipo

[15] Se refiere al carril o senda de circulación. *(N. del E.)*

de malas palabras y lo amenazó con golpearlo. Se creen dueños de las calles, para ellos no hay semáforos ni luces, ni paso peatonal que respetar. El código internacional de circulación si se conoce, no se pone en práctica en Venezuela. Y eso ha sido a través de todos los gobiernos, pero ahora están abiertamente respaldados por el régimen, lo que les da más capacidad de atacar a quienes ellos quieran.

A principios de 2008 el Gobierno decidió aprobar una nueva ley de tránsito. Al fin se vio una luz con relación al comportamiento de los motorizados. Entre otros aspectos, se les impedía circular entre los vehículos, que era una solución que durante décadas los venezolanos pedían a gritos. Los motorizados hicieron una protesta, llegaron a las puertas de la Asamblea Nacional, y entre sus exigencias estaba que eliminaran esa prohibición. Y la Asamblea eliminó esa parte de la ley, comprobando una vez más la relación de los organismos del Estado con ese grupo de la sociedad.

Es muy grave todo lo que ocurre alrededor de los motorizados. Claro, con algunas excepciones, la de los ciudadanos que trabajan honradamente y ese es su medio de transporte. Tan grave es que el 18 de julio de 2008 vecinos de la población de Cúa en el estado Miranda, llamaron a un canal de TV para mostrarles los serios problemas que estaban confrontando y así llamar la atención del Gobierno para que los solucionara. Calles llenas de huecos sin pavimentar, falta de alumbrado público, de agua, de instalaciones de aguas servidas, inseguridad y pare Ud. de contar. En el momento de la filmación junto a los periodistas, mujeres, hombres y niños del poblado, se presentaron dos motorizados con camisas y boinas rojas con logos del Gobierno, desenfundaron armas y comenzaron a disparar. Suerte que lo hicieron hacia el cielo. Diez proyectiles quedaron por todas partes, pero no hubo heridos. Solo buscaban amedrentar a las personas para que no denunciaran los problemas, pero muchos de los presentes dijeron que no tenían miedo. Horas después hicieron presencia efectivos policiales diciendo que los individuos eran vecinos del barrio. En este caso, se conoce quiénes eran, estaban libremente armados y la policía no actuó contra ellos, lo cual evidencia que tenían permiso del Gobierno para hacerlo.

Da hasta pena decirlo, pero se comenta que Chávez quiere que haya cada vez más inseguridad en Venezuela, para que la gente permanezca más tiempo en sus casas sin salir a la calle, que salga solo para cumplir necesidades de real urgencia, con el fin de dominarlos más. Ese razonamiento debe ser motivo de análisis de los entendidos, porque algo está pasando cuando ante tanto crimen y violencia, Chávez no actúa para controlarlos. Eso sí, la gente en sus casas no puede protestar.

Las estadísticas rojas aumentan: en el 2007 se contaron 397 secuestros y hasta mayo de 2008, 137. De estos delitos, hubo un promedio de uno diario en el 2008; de enero de 1999 a diciembre de 2002, se registraron 1,002.

Los regalitos

Es una obligación, al referirnos al aspecto de los regalos que este mandatario ha repartido por el mundo, hacernos algunas preguntas ¿Qué se ha hecho en Venezuela durante el Gobierno de Chávez con los recursos extraordinarios provenientes del alza en el precio del petróleo? Y todo esto calculado en los presupuestos originales en 35 dólares el barril y que llegó a subir hasta a 140 dólares.

¿Mejoraron las vías e infraestructura en toda la nación?

¿Se ocupan de la salud, alimentación y seguridad del ciudadano?

¿Se invirtió en programas sociales y misiones?

¿Se regalaron a otros países?

¿Se estabilizan las cuentas económicas del país?

¿Se lo roban los corruptos?

¿Se tendrá algún día alguna respuesta a tantas interrogantes?

Probablemente nunca, porque como se ha sabido por muchos medios, PDVSA es inauditable, sumado a que oficialmente no se dan cifras ni hay forma de cómo llegar a esas cuentas. Todo se mantiene en secreto, escondido. La pregunta sigue siendo: Si en PDVSA, de donde se obtienen los principales dineros para todo no se puede hacer una auditoría para aclarar las cuentas, no se tiene control de lo que entra o sale y de todos esos multimillonarios recursos, ¿será posible algún día conocer qué han hecho con el dinero de los venezolanos?

La Constitución venezolana establece los mecanismos para ayudar a otras naciones, principalmente cuando enfrentan catástrofes naturales. Por eso la Fundación Justicia y Democracia define como regalos el dinero que Chávez da a otros países, porque no le producen beneficio a Venezuela y no se dan en momentos de catástrofes.

Sin querer ser pesimista, la situación que se vivía en Venezuela a mediados del año 2008 era bien preocupante y ha ido empeorando con los días. Escasez de productos, producción de bienes y servicios en retroceso, confiscación y nacionalización de grandes empresas, importación de alimentos y bienes de servicio a enormes escalas y lo peor, un país envuelto en un zoológico político con los dimes y diretes que no benefician en nada a la población. Los políticos, quienes ya tienen el 99.5% de la culpa de todo lo que ocurre, solo satisfacen sus apetencias económicas y de poder. Eso es lo que han demostrado, demuestran y demostrarán en toda su existencia.

Aproximadamente, según cifras recogidas en los medios de comunicación y de la Fundación Justicia y Democracia, entre 1998 y enero de 2008, Chávez había dado a otros países unos 37,799,494,288 dólares como donaciones, exoneración de deudas, descuentos en venta de crudo petrolero, compra de bonos de deudas públicas y otras clases de regalos... En septiembre de 2009 rebajó la deuda por petróleo de Paraguay en 18%. Sin embargo, hay reservas con esa cantidad, porque sería muy difícil un cálculo acertado sin contar con la documentación real correspondiente, que por supuesto no está ni estará al alcance de la ciudadanía. Todos los expertos aseguran que este Gobierno es inauditable, no solo PDVSA, desde todos los puntos de vista, porque las cuentas si las hubiera, son un secreto de Estado infranqueable.

Unido a esto, Venezuela tiene un presidente que no consulta con nadie las acciones importantes para el país y que habla en primera persona cuando toma decisiones, con un despilfarro incontrolable de dinero en la mayor bonanza petrolera que tal vez viva Venezuela en toda su existencia. Con los poderes públicos supeditados a su deseo, no hay manera de conocer lo que está pasando. A ningún organismo se puede ir a presentar quejas o denunciar formal y legalmente lo que ante todos, es la violación más grande que se pudiera hacer a una constitución, que está definitivamente de adorno, porque o no atienden o no dan respuesta a las solicitudes de investigación. Se evidenció en las campañas electorales el uso y abuso de las instalaciones del Estado para los intereses del gobernante y sus seguidores, así como las muchas mentiras que el presidente y sus aliados dicen ante los medios de comunicación oficiales, en su mayoría secuestrados por el Gobierno, lo que hasta un niño pudo notarlo. Y no contento con eso, mienten en declaraciones que dan en otros países.

Todo ese caos produce impotencia, porque ¿cómo resolver una situación con tantas aristas de podredumbre? Y se vive con mucha frecuencia la desagradable experiencia de ver como Chávez reparte dinero por todas partes, como regalos, habiendo tantas necesidades en Venezuela por resolver: falta de vivienda, infraestructura y nuevas instalaciones de hospitales al igual que de las escuelas, fallas de electricidad en aumento, escasez de alimentos, bajos salarios, vialidad dañada en todo el país, desnutrición infantil, una inseguridad que ocupa las estadísticas más altas de casi todo el mundo, en definitiva, un desastre total.

Una encuestadora publicó en abril de 2008 que aproximadamente cuatro millones de venezolanos no recibían un ingreso mensual para cubrir la canasta alimentaria, es decir, estaban pasando hambre. Luego en junio del mismo año el Instituto Nacional de Estadísticas informó que el ritmo de reducción de pobreza había caído sensiblemente con respecto al comportamiento que registraba en los últimos cuatro años. Y más grave aún, de acuerdo a cifras del Banco Central de Venezuela ofrecidas en septiembre de 2009, la deuda externa venezolana había crecido 50% en los últimos diez años. Estos indicadores señalan más aún a Chávez de irresponsable, al no cumplir sus obligaciones con su país, pero sí con otras naciones.

Son innumerables los «regalitos» que Chávez hace a los presidentes amigos suyos de otros países. Solo haremos referencia a unos «pocos», porque aunque contamos con la información, sería interminable el capitulo a su referencia. No se trata de negar ayuda a países que la necesiten, es exigir que se resuelvan los problemas propios para luego ir a paliar las carencias de otros. Porque su responsabilidad es con los venezolanos, lo que ha estado muy lejos de ser cumplida. Regaló lo que pudo usar para convertir a su país en un emporio de desarrollo. Ni siquiera ha hecho lo que otros dictadores, grandes obras para dejar a su paso algo que los recordara en buenos términos.

Cuba

En casos como Cuba específicamente, Chávez habla de asesorías y cooperación mutua, al firmar convenios y darle dádivas millonarias. Entre esos planes está el envío por parte de la Isla de cubanos para trabajar en diferentes campos en Venezuela. En Cuba a eso se le llama «internacionalismo proletario». Pero, ¿quiénes integran esos contingentes? Médicos, maestros, militares, asesores deportivos y de seguridad.

Quienes se dediquen al análisis pueden encontrar que todos ellos sin excepción tienen que ser individuos fichas del Gobierno cubano, cuya principal característica es pertenecer al servicio secreto de Venezuela o para adoctrinar a los venezolanos en las consignas revolucionarias comunistas.

Antes de salir de Cuba, todos son verificados por la Seguridad del Estado cubano a través de los Comités de Defensa de la Revolución (CDR), con relación a qué hacen, como actúan, quiénes son sus amigos, cómo participa en las actividades del Partido y otros aspectos. Recordemos que los CDR están en cada cuadra en Cuba y supervisan a cada uno de los vecinos.

Entonces, ¿benefician a los venezolanos estos intercambios de personas que Chávez hace con Cuba y otros regímenes dictatoriales del mundo? ¿A qué exactamente se dedican cuando están en territorio venezolano? Hay que tomar en cuenta que los profesionales que se forman en la Isla lo hacen con una base comunista, modelo que no se pone en práctica ni está vigente en ninguna otra parte del globo terráqueo. Eso se ha demostrado en miles de casos, como por ejemplo, ¿por qué muchos de los cubanos profesionales de algunas carreras que salen de su país huyendo no hacen reválida de estudios para trabajar en las áreas que fueron formados? Porque no hay compatibilidad en los pensamientos de estudios de la isla y cualquier otra nación.

Demos un ejemplo. Un economista cubano, ¿cuál es su base teórica? ¿Qué economía tiene allá para hacer una práctica valedera en otra parte? Tiene obligatoriamente que empezar de cero, porque ni la economía de mercado existe en Cuba. ¿Cuáles son las herramientas con que cuentan los cubanos para su formación en un país deteriorado por los efectos de la incapacidad de los gobernantes y no por el embargo, porque a pesar de todo, hay una élite cercana al Gobierno que no le falta nada? Entonces, ¿qué ofrecen esos intercambios que no sean espías, soplones, lavadores de cerebros que en muchos casos con la teoría comunista y otros oficios que no son precisamente los que Venezuela necesita para su desarrollo? Si nos referimos a los médicos, los que llegan a través del convenio no hacen reválida de estudios para practicar en Venezuela, un requisito que había sido indispensable dentro de estos profesionales antes de llegar este Gobierno. Y de tal importancia, que es obligatorio en casi todos los países del mundo, el médico debe cumplir con la condición de revalidar sus estudios para nivelarse con los requerimientos del país a donde llega a ejercer.

En Venezuela los más de 40,000 cubanos que se calculan, están en registros civiles y mercantiles, en las oficinas de identificación y extranjería; se les ha acusado de «pinchar» teléfonos de dirigentes opositores desde las instalaciones de la compañía de teléfonos; tienen oficinas en el Fuerte Tiuna, el centro del Ministerio de la Defensa ubicado en Caracas; asesoran públicamente en materia de currículo escolar y hasta se ha dicho que ideologizan a los integrantes de las misiones. Todo esto ha llevado a un numeroso grupo de venezolanos a denunciar al presidente por «traición a la patria».

Pero Chávez ha sido muy dadivoso con Cuba, a cambio le da miles de barriles de petróleo que además de ser usado en la Isla, una gran parte lo venden los Castro a otros países beneficiándose marcadamente, pero sin embargo, no cancelan la deuda que por esos convenios han contraído con Venezuela.

Tal vez el más beneficiado ha sido Cuba. Un aproximado a 6,000 millones de dólares hasta el 2008. Por ejemplo: construcción de casas por 2 millones de dólares; proyecto de electrificación de unos 20 millones; financiamiento de la reforma de la refinería de Cienfuegos, 43 millones; 98,000 barriles diarios de petróleo a cambio de asesoría deportiva, educación y salud, unos 1,600 millones al año, a pesar de que le paga a cada médico cubano, unos 20,000, un salario de 400 dólares mensuales para un total de 96 millones dólares anuales. En este sentido, un exgobernador del estado Bolívar dijo que había una «invasión» cubana en Venezuela, por la presencia excesiva de personas de ese país en funciones de alto interés nacional, lo que evidenciaba una verdadera violación a la soberanía.

Cubanos están en áreas como dirección de registros, notarías, servicio administrativo de identificación, migración y extranjería, fuerzas armadas, en el anillo de seguridad del presidente, comercializan el aluminio de una de las empresas básicas y compran los insumos y equipos para los centros de diagnóstico integral de Barrio Adentro, los servicios de salud del Gobierno. Poseen concesiones mineras, tienen potestad para entregar contratos, dirigir puertos, aeropuertos y aduanas, además, añadió el exgobernador, que con el recetario cubano utilizan crueldad y persecución de funcionarios públicos y trabajadores, así como el aporte a las bases de la nueva Ley de Educación que tan rechazada ha sido por la mayoría de los venezolanos.

Cuba ha recibido 3,000 millones para cancelar su deuda externa, lo cual se canjea también por servicios, entre ellos, el financiamiento de una planta de lubricantes y aceites en La Habana, 47 millones de dólares, y 10 millones de dólares en una línea de crédito para la adquisición de partes automotores en el sector turismo.

Este es un caso muy especial para Chávez. Quiso tal vez ocupar el lugar de la Unión Soviética, que le daba multimillonarias sumas de dinero a Fidel y él con su argumento del bloqueo norteamericano, nunca se supo en que lo utilizó, porque el país continuó arruinándose aceleradamente hasta encontrarse actualmente en forma deplorable y su población sufriendo el más devastador estado de miseria.

Hasta mediados de 2008 y sin que se conozca a fondo todo el caudal que había recibido Fidel, se supo por los medios de comunicación sobre un cálculo estimado de 2,485,862,000 dólares, distribuidos en construcción de casas, reactivación de la refinería de Cienfuegos, proyecto de electrificación, proyecto de desarrollo endógeno, 98 mil barriles diarios de crudo, sueldo de

400 dólares mensuales a cada médico cubano instalado en Venezuela (unos 96 millones de dólares anuales); canje de la deuda pública cubana acumulada, financiamiento en la compra de insumos para la construcción de viviendas, financiamiento para la compra de materiales de seguridad para la construcción (20 millones de dólares), financiamiento para una planta de lubricantes y aceites, línea de crédito para el sector turismo en la adquisición de partes automotores, creación de una compañía naviera (de esto se desconoció el monto) y la construcción de una planta de regasificación de gas licuado.

Hubo un regalo muy especial, una taza de porcelana y una daga labrada perteneciente al Libertador Simón Bolívar entregados a Fidel, que no se le puede calcular el valor real, porque es invaluable y pertenece a los venezolanos. Eso que hemos enumerado y quién sabe qué más constituye el gusto que Chávez se ha dado al regalar libremente lo que ha querido a los Castro.

¿Cómo se explica que Chávez le envíe petróleo a Cuba y ellos a su vez lo revendan a otros países para beneficiarse económicamente ellos solamente?

En marzo de 2009 el Gobierno chavista obligaba a los empresarios a producir 80% del arroz de mesa a precios regulados, al tiempo que mantenía la toma temporal en algunas plantas del cereal, escaseando el producto en todo el país. En ese mismo mes envió un cargamento a través de PDVSA, de 470 toneladas del grano con destino a Cuba, con un valor aproximado de 740 millones de bolívares. La constancia de ese movimiento fue presentada a algunos medios de comunicación por trabajadores de Puerto Cabello, de donde salió el cargamento.

Por cierto que hasta hace poco tiempo Venezuela exportaba arroz, pero con la intervención de Chávez en su producción y comercialización, ahora tiene que importarlo por toneladas.

En el 2008 solo una empresa del Gobierno importó 300,000 toneladas de arroz.

En septiembre de 2009 se conoció públicamente que Cuba compraba los equipos médicos que Venezuela necesitaba. Es decir, era el intermediario entre empresas de Alemania y Holanda y Venezuela. Por supuesto, a un alto costo para las finanzas venezolanas, donde parece no hay ni organismo ni funcionarios capaces de comprar este tipo de equipamientos. La noticia surgió cuando las empresas que negociaban con Cuba se negaron a vender los repuestos que necesitaban para el funcionamiento de los aparatos que se habían comprado. ¿Quedaron inservibles esos equipos ahora sin repuestos? Pero lo que sí es seguro, es el beneficio económico que le reportó este tipo de transacción que Chávez le dio a Fidel para su provecho, afectando aún más lo que los venezolanos necesitan para un mejor nivel de vida.

Bolivia

Trescientos millones de dólares a Bolivia para mejorar sus carreteras. Mientras, 327 millones de dólares fue el presupuesto aprobado en Venezuela en 2008 para salud, sector que tiene todas las carencias imaginables, como falta de infraestructuras, edificaciones deterioradas en todos los aspectos, escasez casi total de insumos, quejas y protestas públicas de médicos, enfermeras y trabajadores por falta de pagos de salarios y mejoras sociales; falta de médicos y especialistas, y mucho más.

Recientemente el ministro de Defensa boliviano dijo que con el apoyo financiero de Venezuela ampliarán y remodelarán un cuartel militar para el Comando Amazónico en el departamento de Pando, cerca de la frontera con Brasil, una de las mayores rutas de la cocaína. Esta inversión está dentro del programa «Bolivia cambia, Evo cumple», que desde 2007 le ha hecho ganar tanta popularidad a Evo Morales en su gestión.

Un ejemplo vergonzoso lo dio el presidente de Bolivia el 12 de julio de 2008 cuando reveló en un discurso ante cientos de mineros de cooperativas privadas, que los recursos de Venezuela los recibe directamente de la embajada de ese país en La Paz, para eludir la burocracia del Tesoro o del Banco Central bolivianos.

Explicó Morales que:

> ...cuando llega el dinero al Banco Central o al Tesoro General de la Nación, entidades que normalmente canalizan la cooperación internacional y que llevan control de lo que entra y sale, cuesta sacar la plata porque hay que cumplir trámites y trámites.

Se evidencia con el caso de Bolivia en particular, que Chávez burla todas las normas jurídicas venezolanas y hasta las b-livianas, disponiendo los recursos de los ciudadanos para enviarlos alegremente a otras naciones o a individuos.

«Evo es el más beneficiado», es lo que se oye cuando de regalitos se habla. El mandatario boliviano dijo en un discurso en la ciudad de El Alto el 13 de julio de 2008, que el sábado de la próxima semana lo visitarían el presidente de Brasil y Chávez, «para otorgar más ayuda». Señaló que los créditos que busca no solo son para construir carreteras, sino también para empresas de alimentos. El programa «Bolivia cambia, Evo cumple», ha recibido significativas sumas de dinero de Chávez para mejoras de los municipios de las distintas regiones bolivianas.

Hay que hacer mención a los helicópteros donados por Chávez a Bolivia, uno de los cuales se estrelló, en cuyo accidente murieron cuatro venezolanos. Oficialmente el Gobierno venezolano informó que regaló equipos y financió en el 2006 y 2007, el programa de cédulas gratuitas, para cuyo inicio se empleó a funcionarios venezolanos, pero según dijeron en 2008 ya los bolivianos se hicieron cargo del asunto.

Y como siempre, donde aparece Chávez involucrado, se denunciaron graves irregularidades en esta iniciativa. La Corte Nacional Electoral de Bolivia presentó ante la Fiscalía General una denuncia sobre supuestos delitos cometidos en el programa apoyado por el Gobierno de Venezuela, según fuentes oficiales bolivianas. En un boletín de la Corte reseñado por una agencia internacional de noticias, se dice:

> Se elaboraron documentos con fotografías de paisajes en lugar de personas; personas ya ceduladas con anterioridad podían conseguir otra sin problemas en la zona cocalera de Chapare; en el padrón electoral se conseguían dos personas inscritas con el mismo número de identificación; en una zona rural de Cochabamba la entrega de cédulas gratuitas funcionó en una sede de campaña del Movimiento al Socialismo, lo que daba ventaja al partido de Gobierno en cualquier elección que se hiciera.

Consideraron que el próximo proceso debía detenerse, porque el padrón estaba contaminado, pero no ocurrió así, el referendo del 10 de agosto se realizó.

Hasta un aeródromo en el salar de Uyuni, está construyendo Bolivia con regalos de Chávez. Evo Morales invirtió un aporte preliminar de unos cinco millones de dólares para iniciar las obras en una pastilla salina de doce mil kilómetros cuadrados, cuyo territorio alberga un ingente reservorio de litio, por lo que en mayo de 2009 el Gobierno comenzó a instalar una planta de industrialización de salmueras y carbonatos.

Otros trescientos millones de dólares dio a Bolivia el 18 de julio de 2008. Al parecer el dinero sería para proyectos viales y la creación de una empresa binacional socio-productiva que se instalará en territorio boliviano, plantas de leche, maíz e inyección de plástico. Chávez dijo que aportó trescientos millones más porque Bolivia todavía no tiene recursos que son vitales para la integración. Según una agencia de noticias americana, el dinero venezolano permitirá construir un camino de Pando a Beni, departamentos que están en la región amazónica y que limitan con Brasil y Perú. También se destinará un monto no especificado para otras obras en los departamentos de Chuquisaca, Oruro y Potosí.

Las condiciones financieras de estos aportes establecen que las tasas de interés fluctuarán entre 2.07% y 3.15% al año, a 20 años de plazo. Chávez anunció su decisión de crear una planta petroquímica en Bolivia para la fabricación de plásticos, además de invertir otros 41 millones de dólares en procesadores de alimentos para fomentar la diversificación de la economía boliviana.

El 15 de julio de 2008 se informó en Venezuela que el presidente había viajado a Bolivia y Ecuador. En Bolivia firmaría un acuerdo para invertir 883 millones de dólares en exploración y explotación de hidrocarburos en territorio boliviano, todo dentro del marco de la empresa PETROANDINA, una sociedad formada por las petroleras estatales YPFB de Bolivia y PDVSA de Venezuela. En la empresa mixta, YPFP tiene el 60% y Venezuela el resto. En cuanto a Ecuador, junto al presidente de ese país, Rafael Correa, constituyeron una empresa binacional para la construcción de una refinería en el Pacífico, como parte de la integración energética regional. Esa refinería se espera se inaugure en el 2013 y se suma a otras dos que tienen participación venezolana.

No es claro el objetivo de estos regalos. A mediados de julio de 2008 el canciller de Chávez declaró a la Agencia Bolivariana de Noticias, que otros de los objetivos del viaje a Bolivia, Nicaragua, España, Rusia, Bielorrusia y Portugal, sería «neutralizar las fuerzas negativas de las élites imperialistas». Una tarea subjctiva, porquc antc los rcgalos dc sumas multimillonarias, ¿cuál es la mella que hacen en los Gobiernos las élites imperialistas? ¿Cuál es el aprecio que le dan a su actitud, además de usar el dinero que a manos llenas ofrece? ¿En qué favorece a Venezuela, en esencia, ese objetivo de Chávez de regalar su dinero? La historia se encargará de demostrarlo y de juzgar a quien tenga que hacerlo.

Pero hay más de los regalos a Bolivia: suministro de 150 mil barriles de diesel con un 10% de descuento y a crédito por un año; donaciones erogadas por FONDOSUR que alcanzaron hasta julio de 2008 30 millones de dólares; compra de 40 buques petroleros, que no se supo si iban a usarse en Bolivia como el barco que le regaló Carlos Andrés Pérez a ese país o los iban a construir en Bolivia; la construcción de una planta termoeléctrica; compra de materiales para producción de coca que según versión periodística llegó al millón de dólares; compra de bonos de la deuda y financiamiento de 5,000 becas de estudios. Sin duda todo ese conjunto fue superior al cálculo que ha hecho la gente ante los avisos y comunicaciones de prensa, traspasó el cálculo inicial aproximado de 3,299,551,275 dólares, solo a Bolivia.

Chávez regaló equipos completos para la policía boliviana, en armamento y vehículos, mientras en Venezuela los policías mismos se compran sus uniformes porque el Gobierno no se los suministra; les faltan patrullas, furgonetas para las morgues, en organismos que están en el peor deterioro que podría imaginarse. A mediados de 2009 Chávez le regaló 197 ambulancias a Bolivia.

A pesar de los obsequios, muchos bolivianos no se benefician de acuerdo a las críticas que hacen a la intervención chavista en sus asuntos. Por ejemplo, un diario publicó un cuadro muy pequeño con la foto de Chávez al fondo, en el que lo colocaron como responsable de: las muertes en Bolivia, de la violencia, del odio entre bolivianos, de la destrucción de la unidad, de convertir en su pongo[16] a Evo, de pisar su constitución, de insultar a los bolivianos, de ridiculizar sus fuerzas armadas, de buscar la guerra entre los bolivianos y de pisar la bandera boliviana.

Es como el espejo de lo que ha hecho con los venezolanos también.

Partido Comunista de Chile

Mientras los tecnológicos y universidades venezolanas no cuentan con los recursos para su funcionamiento, no tienen dinero para pagar a profesores y reparar edificios, ni alternativas para dar becas a estudiantes, el presidente de la República le regaló a la Universidad ARCIS[17] de Chile 8 millones de dólares, con un interés anual del 3.3%, pagadero en 20 años y con un año de gracia. El fin fue resolver los problemas financieros de esa casa de estudios, cuyos dueños incluyen a un exescolta de Salvador Allende y al partido Comunista de Chile. El aporte se hizo a través del Banco de Desarrollo Económico y Social de Venezuela, aunque altas fuentes de la universidad aseguraron que al llegar el botín, las autoridades acordaron entrarlo a la Inmobiliaria Libertad S.A. y derivarlo a la casa de estudios a través de ese negocio, donde está involucrado el Partido Comunista y la Fundación Salvador Allende, junto con muchas otras manos que tras recibir la cuantiosa suma, armaron un gran revuelo que hasta demandas judiciales costó.

Informes periodísticos del momento señalaron que «a la llegada de las platas de Chávez a ARCIS se les informó a los trabajadores sin detallar el origen chavista del dinero». Se les dijo

---

[16] Indio que hace oficios de criado, según el Diccionario de la Real Academia de la Lengua Española. *(N. del A.)*

[17] Universidad de Artes y Ciencias Sociales. *(N. del E.)*

que habían recibido 4 millones de dólares pagaderos a 20 años con un 3.3% de interés anual y con un año de gracia. Pero no se sabe qué pasó con los otros 4 millones. ¿Habrá solicitado el Gobierno venezolano informe del uso de esa derogación? Tal vez no, porque con tanta donación es muy difícil mantener un control que beneficie el dinero de los venezolanos, puesto en manos «peludas» en los últimos años.

También se supo por publicaciones chilenas que en ese país nadie en su sano juicio envía a un hijo o hija a estudiar a la Universidad ARCIS. La institución pertenece al Partido Comunista, el cual está contra la enseñanza privada por ser un negocio neoliberal, y sin embargo, les cobra a los estudiantes. Algunas opiniones en aquel país conceptúan a esa universidad como la más pirata de Chile por su baja calidad académica. Dicen que se dedica a desprestigiar a otras universidades a través de los grupos bolivarianos que operan allí y que son financiados desde Miraflores. Aseguran que quien obtiene un título de ARCIS, no sabe nada de nada. Por lo que tener un doctorado Honoris Causa de ellos, no debe ser orgullo para ningún individuo.

Por otra parte, el Partido Comunista chileno es tan especial que su periódico *El Siglo,* estuvo en huelga por meses porque no cumplía con los compromisos salariales y sociales con sus trabajadores. Algunos políticos de Santiago sostienen que ese informativo está dirigido por capitalistas que critican al sistema pero se lucran de él.

Pero este regalo tuvo sus buenas consecuencias y reciprocidad para el mandatario venezolano. Esa casa de estudios en el 2007 ¡le otorgó el grado de Doctor Honoris Causa a Chávez!

Estados Unidos

En cuanto a los regalitos, aunque parezca un chiste, podríamos señalar los recibidos por Estados Unidos. Por unos cien millones de dólares, Chávez ordenó a la empresa petrolera venezolana ubicada en ese país, CITGO, financiar un estudio para la limpieza del río Hudson en el Bronx, aún cuando el Guaire de Caracas, en estado de contaminación total, sigue en las mismas condiciones. Además, Chávez distribuye anualmente veinte millones de galones de combustible de calefacción «barato» a los pobres de Boston y el Bronx, a un costo de doscientos millones de dólares, más el regalo de una isla entera. Además, se promocionó a través del *New York Times* el primero de diciembre de 2005, a un costo de 180 mil dólares.

Refiriéndose al combustible barato para el estado New Hampshire de Estados Unidos, la directora del Departamento de Energía y Planificación dijo que mucha gente estaba diciendo «necesitamos ayuda, no importa de dónde sea». Dos años atrás las autoridades de New Hampshire se negaron rotundamente a aceptar combustible de calefacción subsidiado por Chávez como consecuencia de los insultos antiestadounidenses pronunciadas por él. Pero el alto precio del petróleo los obligó a recibir los regalitos.

Chávez regaló dieciocho millones de dólares al actor norteamericano Danny Glover para una película basada en la vida de un dirigente revolucionario haitiano, que se rodará en Venezuela no se sabe cuándo. Según el mismo Chávez, hace este regalo con el objetivo de contrarrestar la hegemonía del cine hollywoodense.

Trescientos treinta y cuatro mil bombillos de los que ahorran energía recibieron en julio de 2008 las ciudades nortéamericanas de Boston, Filadelfia, Nueva York, Washington, Madison, Minneápolis, Houston, Corpus Christi, Lemont y Lake Charles. Con ello se beneficiaron casas de familia, instituciones públicas y negocios. No se informó cuál aspecto sensible movió a Chávez a hacer este regalo.

Uruguay

Veinte millones de dólares donó Chávez a Uruguay para reparar hospitales —diecisiete millones para la refacción del Hospital de Clínicas de Montevideo y tres millones para la remodelación de un hospital oncológico. Se espera que cuando finalicen los trabajos, sea el mismo Chávez quien los inaugure.

Mientras tanto y para dar algunos, muy pocos ejemplos —porque en todo el país la situación de asistencia de salud está deteriorada—, señalaremos que:

El Hospital Central de Maracay en el estado Aragua, necesitaba solamente un total de dos millones cuatrocientos bolívares (no dólares) para ofrecer atención adecuada a los pacientes de ese estado y por lo menos tres circunvecinos, durante el último trimestre del 2008. Solicitaron un crédito adicional para tal fin en julio y en septiembre no habían recibido respuesta.

A este hospital de Maracay se le presupuestó para 2008, 49 millones de bolívares fuertes (Bs.F.),[18] y en agosto solo quedaban 7 millones que alcanzarían para cubrir algunos gastos médicos hasta el mes de octubre, como la atención hospitalaria de las áreas de emergencia, neonatología y obstetricia, donde se concentra el mayor número de pacientes. Es de señalar que de esa cantidad fijada para un centro asistencial tan importante, el 80% se dedica al pago para personal. La experiencia de los últimos años en este hospital, señaló su directora, ha sido la misma: presupuesto insuficiente que los obliga a solicitar créditos adicionales para seguir funcionando y resolver los problemas más graves que se presenten. Es una responsabilidad del Gobierno central elaborar un presupuesto real para los centros

[18] Nueva moneda de Venezuela desde el 1ro de enero de 2008, en que sustituyó al bolívar, a una tasa de Bs.F 1 = Bs. 1000 debido a la inflación. *(N. del E.)*

asistenciales del país, cosa que no ocurre porque en su mayoría hay quejas por falta de insumos y pago al personal.

Lo mismo ocurrió en el estado Bolívar. El viernes 22 de agosto de 2008, una representación de 2,500 trabajadores de 42 centros asistenciales de Ciudad Guayana, se presentaron en las afueras del Distrito Sanitario de Caroní, exigiendo la atención de las autoridades de salud locales y regionales. Protestaron por dotación y mejoras de las infraestructuras hospitalarias en general y por los graves problemas que enfrenta el personal que labora en esos centros: atraso en los pagos de pasivos, incluyendo aumento salarial del 30% anunciado meses atrás, pago de bono presidencial por firma de convención, evaluación de desempeño que no se les ha cancelado, y ajuste de cesta tickets[19] a 3.80 bolívares fuertes diarios. Además, solicitaban cargos fijos ante el Ministerio de Salud. Todos esos funcionarios mantenían una huelga de «brazos caídos» desde el martes 19 de agosto, pero garantizan la atención únicamente de emergencias en los ambulatorios.

Informaron los representantes, que en los centros de salud no existían las condiciones sanitarias mínimas para atender la profilaxis social, porque no había vehículos, los baños estaban en mal estado, había falta de insumos y para colmo, obligaban a los trabajadores a asistir a reuniones y desfiles políticos del chavismo. Había deficiencia de médicos y enfermeras en general y en el ambulatorio de Vista al Sol, que atiende a una importante y numerosa población, no contaban con una ambulancia.

Sin embargo, con esta iniciativa anunciaron un paro regional de centros asistenciales que comenzaría la semana siguiente, en la que participarían empleados, médicos, enfermeras, camilleros

---

[19] Son bonos de alimentación, beneficios del trabajador otorgado por la Ley de Alimentación en empresas y entidades gubernamentales con veinte o más empleados, calculados en base a la Unidad Tributaria. *(N. del A.)*

y personal de laboratorios de módulos, ambulatorios y hospitales de los once municipios de todo el estado Bolívar.

En Mérida, los cirujanos del hospital Universitario de los Andes, decidieron suspender las intervenciones quirúrgicas hasta que las autoridades resolvieran el problema con el aire acondicionado en los quirófanos. Los mismos médicos señalaron que las temperaturas que se registraban en el quirófano iban contra los reglamentos de asepsia, acelerando el riesgo de multiplicación de bacterias en los pacientes, porque son de veinte grados centígrados y lo correcto es de diecisiete grados. Y en este caso estamos hablando de aparatos de aire acondicionado, cuyo costo sin duda puede ser cubierto con una milésima parte del dineral que Chávez maneja a su antojo y sin control.

Ante la situación y el caos en materia de salud, la presidenta del Colegio de Médicos del estado Bolívar solicitó la instalación de un hospital de campaña en Guayana. El llamado fue a las autoridades nacionales del Instituto de Seguros Sociales y al Instituto de Salud Pública de Bolívar. El desesperado llamado lo hizo tras considerar el paro de los ambulatorios y módulos que se registran en la zona, la suspensión de las intervenciones quirúrgicas en el hospital del Seguro Social de Puerto Ordaz por fallas eléctricas, las carentes condiciones en las que se atendían las emergencias en el Seguro Social de San Félix, el colapso del sistema de aguas servidas y aguas blancas del hospital de Guaiparo y la disminución en la atención de nacimientos en la maternidad de San Félix. Mejor dicho, peor que un caos, un desastre total. Mientras, Chávez regala el dinero de estos venezolanos a otros países, para que resuelvan sus problemas de salud. No hay derecho.

Chávez también entregó a este país otros donativos, como implementos deportivos y material didáctico para escuelas; además, profundizó la adquisición de bienes y servicios a ese país.

Se anunció en este aspecto, que Venezuela aumentaría de 10% a 25% su participación en el paquete accionario de un emprendimiento uruguayo que procesa caña de azúcar para elaboración de combustible. El canciller venezolano informó que compraron siete potabilizadoras de agua a la empresa uruguaya Obras Sanitarias del Estado.

Se especificó el suministro de 43,600 barriles diarios de petróleo con descuento; donación para la ampliación de la refinería La Teja en Montevideo; intercambio para compensar la factura del suministro de petróleo por bienes y servicios; compra de alcohol carburante; préstamo para la adecuación de una planta industrial y fabricación de 15,000 metros cúbicos de etanol; intercambio de empresas eléctricas; préstamo para atender a los pobres, el cual se calculó en 3,000 millones de dólares; 17,500 millones de dólares para equipar y remodelar un hospital; créditos para recuperar empresas y ayuda para la construcción de instalaciones.

En todo este proceso de inversiones y regalos de Chávez a Uruguay envuelto en convenios de cooperación, hubo dudas en su transparencia. Se conoció el 20 de agosto que un apoderado de Franklin Durán, uno de los acusados por el caso del maletín de 800,000 dólares incautado en Argentina, denunció supuestas desviaciones en la adquisición del Estado venezolano de viviendas prefabricadas a una empresa uruguaya.

Un semanario de Uruguay, informó que la empresa Umissa firmó un contrato con el Gobierno venezolano por 156 millones de dólares para exportar 12,000 *kits* de viviendas prefabricadas, en el marco de acuerdos entre gobiernos. De acuerdo con el apoderado, quien señaló a un ciudadano al que no identificó y que presentó el caso ante la policía de ese país, hubo un presunto desvío de unos 18.5 millones de dólares, de un anticipo que Chávez envió a Umissa en el 2006 y que no fueron a parar a las cuentas de la empresa, sino a las de Guido Antonini Wilson (personaje que llevaba la maleta con los 800,000 dólares a Argentina) y a las de un venezolano de nombre Norberto Barrios. Tampoco la empresa Umissa habría cumplido fielmente con los envíos de los *kits,* de acuerdo con lo establecido con Venezuela.

Nicaragua

Fuera del presupuesto ordinario del país, Daniel Ortega ejecutó, con la ayuda de Venezuela, 200 millones de dólares en programas de desarrollo económico y social en solo año y medio de estar en el poder. Así lo explicó el mismo Ortega, señalando que se usaron en subsidios para el transporte público a fin de mantener las tarifas del servicio; proyectos de generación eléctrica para terminar con los constantes apagones; reparación de calles; en acopio y comercialización de granos a productores, créditos agrícolas y en programas de créditos populares.

Se le suministró petróleo hasta julio de 2008 por 340 millones de dólares; para la construcción de una refinería Chávez invirtió 2,500 millones de dólares; para programas de salud, educación, agricultura, energía eléctrica y exportaciones, Daniel Ortega recibió 90 millones de dólares; para la absolución de la deuda 26,200 millones de dólares y para la constitución de ALBA Petróleos de Nicaragua, Chávez dio 8,470,000 de dólares.

Ya conocemos la «transparencia» de las finanzas de Chávez; Daniel Ortega se anota en el mismo equipo. En este sentido el embajador norteamericano en Nicaragua, Paul Trivelli, cuestionó el 23 de mayo de 2008, la supuesta falta de transparencia con que el Gobierno nicaragüense utiliza la millonaria ayuda que recibe de Venezuela. Señaló que no se sabía cuál era el uso que se daba a más de 520 millones de dólares que entran desde Venezuela, porque no había cuentas sobre la administración de ese dinero.

Ortega dijo el 14 de mayo que su Gobierno había gastado fuera de presupuesto más de 520 millones de dólares con la asistencia que le brindaba «sin condiciones» su homólogo Hugo Chávez, a través de la Alternativa Bolivariana para las Américas (ALBA). La revelación impulsó las denuncias de la oposición de Nicaragua sobre manejos fraudulentos de los fondos que Ortega recibe de Venezuela para diversos proyectos, pero que no pueden ser fiscalizados porque no están integrados al presupuesto.

Una información aparecida en los diarios del país centroamericano sostiene que la falta de transparencia en las finanzas públicas y la cooperación, así como la inseguridad jurídica que tiene Nicaragua, ha llevado a algunas naciones que también cooperan con ese país, a revisar el apoyo que le están dando desde que Ortega asumió el poder en 2007, para enfocar sus prioridades a países más necesitados.

La representante de la Comisión Europea para Centroamérica, Francesca Mosca, afirmó en declaraciones a la prensa, que era necesario que todos los fondos que llegan a Nicaragua, aunque no estén todos en el presupuesto, tengan transparencia en su manejo y su utilización. Recordó Mosca, que la cooperación no es «un cheque en blanco» y que el país está obligado a informar cómo se usa la ayuda que recibe de la comunidad internacional, que también exige fortalecer el estado de derecho y la justicia, en alusión al control político que los sandinistas ejercen sobre el poder judicial.

La desconfianza ha llevado a su histórico donante, Suecia, a iniciar su retiro gradual del país, seguido de Gran Bretaña que recientemente informó la intención de canalizar la ayuda a través de la sociedad civil. Finlandia por su parte anunció que revisará el futuro de la cooperación con Nicaragua y Alemania expresó reservas.

Para el ciclo agrícola que culmina en abril de 2009, Nicaragua dispondrá de 70 millones de dólares, según informó el titular del Ministerio Agropecuario y Forestal, Ariel Bucardo. Agregó que los fondos venían de instituciones nicaragüenses, de Venezuela y del Banco del ALBA, cuyo mayor aporte de capital es venezolano, sin precisar el monto que cada organización aportará. Eso ocurría cuando en Venezuela se hablaba de austeridad de acuerdo a las autoridades del Gobierno.

Un miembro del Movimiento Renovador Sandinista dijo en junio de 2009 que el manejo que Daniel Ortega hacía de la cooperación recibida de Venezuela solo tenía efectos negativos y facilitaba la corrupción y especulación. Señaló que la ayuda venezolana era «una cooperación perversamente privatizada», no se sabía si por intereses familiares de Ortega o de empresas que nadie sabía quiénes eran los dueños. Agregó que la ayuda venezolana se estaba canalizando de manera ilegal por lo que se deterioraba más la marcha de las instituciones del país al no conocerse los términos financieros de esa cooperación, sumado a que había hoy más pobres y más desempleados.

Argentina

Muy magnánimo ha sido Chávez con este país sureño. Son muchos los beneficios que han recibido de él, desde la presidencia del esposo y luego de la esposa. Ha comprado más de cinco millones de dólares en bonos argentinos, con cuyo dinero Kirchner pudo quitarse la presión del Fondo Monetario Internacional en la crisis 2001-2002, cancelando la deuda que tenía con ese organismo crediticio.

Luego en mayo de 2008 medios argentinos dieron cuenta que Chávez compró más deuda argentina por un monto de 1,000 millones de dólares, lo que elevaría a 6,340 millones de dólares el monto total de la deuda de Argentina comprada con dinero de los venezolanos y sin que ellos hayan podido aprobar o no esas transacciones. Dice la información que los intereses que pagará el país sureño a Venezuela por esos bonos es de 13%. Agrega la noticia publicada en Argentina, que la negociación se hizo en absoluta reserva, para evitar los pedidos de embargo que pesan sobre los activos del Gobierno de esa entidad en el exterior. Además que es una ventaja realizar la operación con Venezuela, para evitar un llamado a licitación que pudiera dar resultados peores a los esperados, y que el Gobierno de los Kirchners no estaba en condiciones de realizar licitaciones, porque es muy poco el interés de los inversores por adquirir deuda argentina. Se especuló que con ese dinero y la venta programada a organismos públicos, el Tesoro ya tendría asegurados los fondos necesarios para hacer frente a los vencimientos de ese año 2008.

Según fuentes bien informadas, Chávez sostiene la imprenta de las Madres de la Plaza de Mayo, donde se publican miles de ejemplares del pensamiento chaveriano, base para debates en universidades públicas, en forma de cátedras libres.

Y mucho más. Reparación de 3 buques, construcción de 2 buques; intercambio de 5 millones de barriles de *fuel oil* y 250 mil de diesel por carne y ganado en pie; venta de 4,000 barriles de crudo a cambio de productos industriales; le compró la refinería Rhasa y sus estaciones de servicio; le compró bonos de la deuda pública inicialmente por 5,200 millones de dólares; le construyó una planta de regasificación de gas natural licuado; y los insumos para la construcción que les dio, no han podido ser calculados públicamente.

Tenemos que hacer referencia a las necesidades que la población de Venezuela padece y la intención de Chávez de regalar dinero para resolver los mismos problemas en otras naciones. Ese es el dinero que los venezolanos necesitan, pero que otros países reciben. Es además, el uso del dinero del Estado para los fines políticos de un hombre, no del interés nacional de Venezuela.

Un exdiputado sostiene que contrario a lo que Chávez predica, su proyecto es personal, no colectivo. Dice que utiliza el dinero de los venezolanos como arma geopolítica y en especial el petróleo, para tratar de ganar indulgencia con el recurso de los venezolanos.

Mauritania

El quince de septiembre de 2009 el mandatario anunció que tiene planes para construir una refinería en Mauritania, país africano cuya producción de petróleo es refinado por compañías internacionales. Tuvo la desfachatez de asegurar que «vamos a hacer una refinería allí para refinar todo lo que ellos produzcan y si no se consiguen más petróleo, para llevarlo de aquí». La producción petrolera de ese país es de 18,000 barriles al día. Aseguró Chávez que iba a distribuir petróleo para ese eje: Mauritania, Mali, Níger, algunos aliados de Venezuela o en proceso de acercarse a la alianza bolivariana ALBA.

Mientras tanto un exgerente de operaciones de una de las principales refinerías de Venezuela aseguró en septiembre de 2009 también, que el país estaba ante un racionamiento ya que el parque refinador estaba incapacitado para atender el mercado interno de combustible. El profesional dijo que las cuatro refinerías que existían en el país disminuyeron su capacidad de producción ante la falta de mantenimiento oportuno, inversión, personal capacitado y pericia. Y recordó que diez años atrás las refinerías venezolanas estaban entre las mejores del mundo gracias a su capacidad y tecnología de punta, que se sumaba a un índice cero de accidentes.

Para mediados de 2009 Venezuela estaba importando al menos seis cargamentos de combustible y componentes para atender el consumo interno. Por eso no se explica cómo Chávez está proyectando refinerías en otras naciones, mientras las de él pierden cada día más capacidad productiva.

A juicio de los expertos, Chávez hizo un negocio negativo para su país al firmar convenios de cooperación petrolera con Petrocaribe, porque ofrece ventajas a naciones de Centroamérica y el Caribe, mientras PDVSA disminuye cada día su producción. Esos acuerdos establecen que ellos deben pagar 60% de la factura por adelantado, pero el resto es financiado con un interés de 1% a lo largo de 25 años. Pero las cuentas por cobrar de PDVSA entre 2004 y 2008 aumentaron a 93.2% y será difícil de recuperar muchas de esas porque entre otras cosas, se estableció el cambio de petróleo por servicios, productos agrícolas o alimentos procesados.

Petrocaribe lo integran Antigua y Barbuda, Belice, Cuba, Dominica, Granada, Guatemala, Guyana, Haití, Jamaica, Nicaragua, República Dominicana, San Cristóbal y Nieves, San Vicente y las Granadinas, Santa Lucía, Surinam, Venezuela y Honduras, pero a esta última Chávez ordenó no enviar más el producto desde que Zelaya fue derrocado. Una decisión bien cuestionada, porque mientras bloquea a Honduras, pide al presidente norteamericano que le quite el bloqueo a Cuba. ¿Es bueno un bloqueo para unos y para otros no?

Muchos más regalos

El regalo que levantó hasta baile de zamba desde su anuncio, fue el del millón de dólares a una comparsa brasilera, escuela de samba, con el que se patrocinaba un desfile durante un carnaval. El dinero salió de PDVSA, según informó el mismo Chávez durante su programa dominical. A BRASIL también le dio unos 2,000 millones de dólares para la compra de 40 buques y además, 2,500 millones para la construcción de una refinería.

A PARAGUAY le dio 100 millones de dólares para la expansión de una refinería, mientras que no se ha podido calcular el monto de un negocio de venta de 13,000 barriles diarios de gasoil y 18,600 barriles diarios de crudo, a precios e intereses especiales.

A INDONESIA le donó los fondos para la construcción de un instituto tecnológico en la zona afectada por el tsunami, mientras en ayuda alimentaria:

- 1,500,000 dólares a NÍGER,
- 500,000 a MAURITANIA,
- 500,000 a MALI, y
- 500,000 a BURKINA FASO.

En julio de 2008 concedió tres nuevos yacimientos de petróleo a BIELORRUSIA. Una compañía conjunta bielorrusa-venezolana ampliará sus actividades con miras a duplicar la capacidad productiva que se aspira llegue a dos millones de toneladas al año. En junio de 2008 Chávez regaló la sede diplomática de Bielorrusia, dádiva que contó con la aprobación de la Asamblea Nacional. Se trató de una quinta en la Urbanización Los Chorros de Caracas y para tal hecho, invocaron el principio de reciprocidad establecido en el artículo 187 de la Constitucional Nacional, sin mencionar qué sería recibido a cambio, ni de qué reciprocidad se trataba, ni del costo de la vivienda, que por estar en uno de los sitios privilegiados de Caracas, suponemos será de unos cientos de miles de dólares.

Con ECUADOR, Chávez no ha sido menos solícito. Se calcula que unos 5,060 millones de dólares le había donado hasta mediados de 2008 para la construcción de una refinería, apertura de un banco, compra de bonos de su deuda externa y de bonos de su deuda interna.

A DOMINICA le regaló 10 millones de dólares para la construcción de un nuevo aeropuerto.

A PUERTO RICO, 250 mil dólares para el grupo Puerto Rican Salsa y Bembé y la venta de 250 mil barriles de petróleo con un 1.5% de descuento.

JAMAICA recibió donaciones para la refinería en Kingston y para la construcción de una autopista, en un monto aproximado de 387 millones de dólares.

Con PERÚ se conoció que la ayuda alcanzaba 760 millones de dólares para intercambio comercial.

A la REPÚBLICA DOMINICANA le regaló, para obras de infraestructura y la compra de 500 viviendas, 163,900 millones de dólares. Un senador dominicano informó en junio de 2008, que la Comunidad Simón Bolívar iba a ser inaugurada a mediados de agosto con la presencia del mandatario venezolano y el presidente dominicano, quien dijo que «Chávez viene seguro y lo que estamos tratando es que todo sea parte de un paquete», según medios dominicanos. Indicó que ese proyecto no solo consistió en el levantamiento de las viviendas, sino que se estaba «construyendo una verdadera comunidad». Agregó que en el proyecto había más de 100 millones de pesos invertidos y que se trataba de una donación de Venezuela, en la que el embajador de ese país había desempeñado un papel estelar. «No solo construimos casas, sino una escuela. La estamos dotando de todos los servicios», sostuvo un senador de la provincia.

Al REINO UNIDO le tocó en la repartición unos 32,000 millones de dólares en intercambio de combustible y asistencia técnica. Sin embargo, en mayo de 2008, el nuevo alcalde de la capital británica dijo que no renovaría el polémico acuerdo que su antecesor en el cargo firmó con Venezuela, para proveerle combustible barato a la red de transporte de Londres. Los críticos conservadores dijeron que el acuerdo permitía que una de las ciudades más ricas del mundo se aprovechara de un país en vías de desarrollo y ofreciera un golpe propagandístico de un hombre a quien llamaron «un dictador suramericano de poca calidad».

El nuevo alcalde londinense se hizo eco de esas críticas en una declaración en la que anunció que no renovaría el acuerdo cuando expirara en agosto de 2008. Dijo creer que muchos londinenses se sentían incómodos sobre la operación del autobús de una de las potencias financieras del mundo, que era financiado por el pueblo de un país donde muchas personas viven en la pobreza extrema.

HAITÍ recibió 3 millones de dólares para la compra de 32 camiones compactadores de basura y manejo de desechos sólidos; 20 millones de dólares para la creación de un fondo humanitario, que ojalá haya beneficiado a quienes se hunden en la pobreza y la miseria; más el envío de 364 toneladas de alimentos de lo que no se dio a conocer el monto.

Públicamente el Gobierno venezolano pidió disculpas a la población de la isla de SANTA LUCÍA, por no enviar un avión a recoger la delegación que participaría en la Cumbre de Petrocaribe[20] a celebrarse en Margarita en julio de 2008. La disculpa hizo dudar si todas las delegaciones habían viajado en

---

[20] Petrocaribe S.A. es una alianza caribeña constituida en junio de 2005 tras el Acuerdo de Cooperación Energética suscrito por catorce países; hoy lo conforman dieciocho países. *(N. del E.)*

aviones del Gobierno, costeados con el dinero de los venezolanos. Las autoridades de Santa Lucía informaron que estaban en proceso de explorar una posible reunión con las autoridades venezolanas para analizar las consecuencias de la iniciativa de Petrocaribe. Hasta agosto de 2008 ese país no había firmado todavía un acuerdo con la organización para recibir petróleo venezolano.

Hasta la ORGANIZACIÓN DE ESTADOS AMERICANOS (OEA) recibió su parte: cuarenta mil dólares para el impulso de la negociación de la Carta de las Américas, lo cual aún hoy me asombra.

Diez mil millones de dólares la hora cuesta al país la flota de aviones que Chávez, a través de PDVSA, pone a la disposición de sus aliados políticos del continente, según un diario de Paraguay, asegurando que el presidente de ese país, Fernando Lugo, utilizó uno en un viaje a la OEA. A Zelaya, los Castros y muchos otros se les ha visto pasearse por los cielos mundiales en naves venezolanas.

Piedad Córdova beneficiada

En cuanto a individuos, la senadora colombiana Piedad Córdova admitió el 18 de agosto de 2008, que PDVSA destinó recursos millonarios para financiar sus actividades políticas. Reconoció que recibió dinero de la empresa colombiana Monomeros, propiedad de la filial petrolera venezolana; explicó en una comunicación a un diario de Bogotá que no podía precisar la cantidad recibida, pero que estaba destinada a respaldar la realización de eventos culturales y de opinión pública en solidaridad con el acuerdo humanitario, considerado por ella como «costoso y complejo proceso». Ese mismo diario había informado que la cantidad recibida por la senadora fue de al menos

135 mil dólares. Según revela la información, el monto se definió en una reunión realizada el 10 de octubre de 2007, a la que de acuerdo a testigos, asistió el embajador venezolano en Colombia, quien luego lo desmintió.

También se conoció por informaciones periodísticas que esos recursos se manejaron a través de una cuenta corriente abierta el 4 de noviembre de 2007 y utilizados en tres actividades: publicidad de un concierto para impulsar el acuerdo humanitario, por lo que se pagó 23 mil dólares a la empresa Arte Sano Produce Ltd. la elaboración de una encuesta denominada «Percepción de los colombianos en torno al acuerdo humanitario», que costó 100 mil dólares, pagados a la Asociación Nacional para el Desarrollo Social (Andes); y una tercera actividad, de la que no se brindaron datos.

Más a Centroamérica y su parte de la piñata

Chávez regaló a los países que forman Petrocaribe en Centroamérica el 60% de lo que tuvieran que pagar por las compras que le hagan a Venezuela de petróleo. Y el 40% que sería la deuda, lo podrán financiar en 25 años a 1% anual. ¿Es o no un regalo? Se suma a esa irracionalidad, que la cantidad de crudo que prometió, según especialistas en la materia en el país, alcanzaría para crear un fondo y financiar 125 mil viviendas al año para los venezolanos a pagarlas en 25 años con una tasa de interés de 1% anual. En julio de 2008, el suministro de crudo y derivados de Venezuela se situaba en 85,900 barriles por día, un aproximado de 6.45 millones de dólares diarios. Este regalo tiene un período de gracia de 2 años y 96 mil dólares diarios de descuento en el precio de mercado de urea, asumidos por PEQUIVEN.[21]

---

[21] Petroquímica de Venezuela, S.A. *(N. del E.)*

En el marco de la V Cumbre de Petrocaribe llevada a cabo en julio de 2008 en Maracaibo, Venezuela, reunión que duró unas siete horas, algunos jefes de Estado realizaron peticiones a Chávez y gran parte de las solicitudes fueron complacidas. Les recordó que la deuda que tienen con Venezuela la pueden cancelar con bienes, servicios y hasta productos. Ofreció crear un fondo para el impulso alimentario por unos 460 millones de dólares. Chávez concedió en este encuentro a los países miembros de la organización la oportunidad de recibir 100,000 toneladas al año de urea para la producción de fertilizantes, con un descuento del 40% sobre el precio de venta.

Desde que se creó Petrocaribe en el 2005 y hasta el primer trimestre de 2008, según un informe de PDVSA, los países miembros habían recibido 58.9 millones de barriles de petróleo, unos 4,600 millones de dólares. Agrega el informe que de ese monto se han financiado 2,000 millones de dólares, un 43%. Esas naciones se ahorraron con los convenios firmados con Venezuela, unos 921 millones de dólares en ese período.

La filial de PDVSA, PDV Caribe, se encarga de hacer operativos estos acuerdos energéticos; cuenta con un mecanismo de compensación que no solo lo ha implementado Cuba, sino también Nicaragua, país que maneja una compensación equivalente a 700 mil dólares. Nicaragua ha pagado parte de ese monto con 528 cabezas de ganado, 108 toneladas de caraotas negras[22] y 95 toneladas de carne. La deuda de Nicaragua en 2 años y medio era de 427 millones de dólares y según cifras del reporte de Petrocaribe, ha financiado 197 millones de dólares.

Pero además de los financiamientos, Chávez anunció que uno de los bloques de la Faja del Orinoco se asignará a Petrocaribe y comentó que se estaría analizando que la nueva producción de la industria petrolera se podría refinar en los países del grupo.

---

[22] Frijoles negros. *(N. del E.)*

Regalo de viviendas y la necesidad de los venezolanos de techo propio

Sesenta casas ofreció donar Chávez a Guatemala para entregarse en diciembre de 2008 a igual número de familias afectadas por las lluvias. El monto ascendía a 188 mil dólares.

Perú también recibió su parte. En julio de 2008 se entregaron cien petrocasas[23] en la Pampa de Ñoco. Estas viviendas además cuentan con plaza central, parque infantil, sistema de almacenamiento de agua potable, vías de acceso pavimentadas y un taller socio-productivo de textiles. La donación fue hecha a familias damnificadas por el sismo de agosto de 2007.

En contraposición, como un ejemplo de los miles que ocurren en todo el territorio venezolano, a mediados de agosto de 2008, 340 familias venezolanas de la región central del país, específicamente de Cagua, estado Aragua, mantenían una huelga de hambre a las puertas de la alcaldía, en reclamo de un terreno para la construcción de sus viviendas. La lucha por esta necesidad, informó uno de los afectados, llevaba dos años, tiempo en el que han desarrollado el proyecto residencial, la maqueta, el estudio de suelo y el levantamiento topográfico, pero no han contado con la voluntad política para desarrollarlo. Al parecer los terrenos que esta gente exige, son propiedad privada y aunque tiene un decreto de expropiación, existe un proceso de litigio familiar, que hasta no ser resuelto, el municipio no puede hacer uso de ellos, pero el Estado no busca otra solución, claro, porque se dedica a solucionar los problemas de vivienda de otros países.

Pero, la realidad es que el Gobierno no resuelve el problema de vivienda ni en ese ni en otros terrenos. Desde 1998 al primer

---

23 Casas económicas construidas en base al policloruro de vinilo, usualmente desechos de la refinación del petróleo. *(N. del E.)*

trimestre de 2008, según se desprende de las mismas cifras oficiales publicadas, solo se construyeron 223,000 viviendas. Se explicaron varias razones. Una que los recursos asignados no fueron suficientes, que hubo problemas con la ejecución de los programas, lentitud en el desembolso de los recursos previstos, fallas con los contratistas y problemas con los plazos de terminación, así como muchas condiciones impuestas para la construcción de las viviendas, subida de los costos y cambios en los programas.

En el primer trimestre de 2008 el mismo Gobierno dijo que se habían terminado 8,000 viviendas de las 132,000 que estaban en construcción. El ministro de la Vivienda dijo que «intuía que la realización había estado lenta». Fueron muchos los cambios que se hicieron en esta materia. Se creó el Ministerio de Vivienda y Hábitat, que recibía dinero del gasto ordinario previsto, de un fideicomiso creado por PDVSA y del Fondo de Desarrollo Nacional. Nunca se ha sabido a dónde llegó tal cantidad de dinero.

Oficialmente se reconoció que existían problemas con los materiales y dificultades con el cemento, pero el sector construcción decía a su vez, que las principales fallas no eran con el cemento, sino con otros materiales, y en la agudización de la escasez tuvo incidencia el control de precios. La mayor dificultad se registró con agregados como piedra y arena, productos de arcilla como bloques y tejas, maquinarias y transporte de carga. El sector construcción también sostiene que desde 2006 se han acentuado los problemas con los agregados, debido a que las empresas que los explotan llegaron a su máxima capacidad y no pueden ampliar o explorar otras zonas por los problemas con los permisos. En cuanto a los productos de arcilla, parte de las dificultades se deben a que la producción está por debajo de la demanda y no hay inversiones. Con relación a las maquinarias y equipos, los voceros del sector construcción aseguran que las fallas se presentan por la falta de unidades.

Toda esa situación evidencia que el Gobierno no se ocupa de los problemas más importantes del país, pero sí se dedica a resolver los de otras naciones. Y cuando decimos que Venezuela está envuelta en un caos, es literalmente así, en todos los ámbitos y rincones del país.

PDVSA, la gallinita de los huevos de oro de Chávez, está en franco estado de deterioro. Su producción de petróleo ha bajado en forma sostenida desde el 2002 cuando tras la huelga de los empleados, el mandatario despidió a más de veinte mil técnicos.

Los expertos sostienen que: casi un millón de barriles diarios han dejado de producirse. Se había compensado un poco esa situación tras la participación en las operaciones de empresas transnacionales en asociaciones estratégicas, pero Chávez las expropió. Todo unido a la baja de los precios del crudo que comenzó en el 2008.

Al mismo tiempo, el único país que le compra y le paga su producto a Venezuela, Estados Unidos, ha disminuido su dependencia, sustituyendo a los suministros de ese país con los de Canadá, México y Arabia Saudita. Porque las otras naciones con las cuales Chávez hace negocio solo por su conveniencia política, entre ellos Cuba, algunas de Centro América, Bolivia, Ecuador y otras, más algunas africanas, acuerdan cancelarle con productos y servicios, o no le pagan.

Según la Organización de Productores de Petróleo (OPEP), la producción diaria en Venezuela es de 2,500 millones de barriles diarios. Sin embargo, Chávez con sus intereses ocultos sostiene que es de 3 millones diarios, lo que muchos técnicos niegan, porque para ellos, el creciente deterioro de la industria no permite cumplir esa meta.

El excedente de petróleo que se exporta está a nivel de hace veinticinco años y es la mitad del de hace diez años.

La actividad de taladros cayó en forma acelerada en el primer semestre de 2009, lo que incide directamente en la caída de la producción. Se habla de docenas de taladros dañados por obsolescencia o falta de mantenimiento, igual que casi toda la industria.

Cae la producción, aumenta el consumo interno y queda menos para exportar.

En cuanto a la gasolina, Venezuela tiene 4 refinerías en su territorio, todas con largos períodos paralizadas por falta de mantenimiento y equipos, al extremo que recientemente había 3 sin trabajar completamente. Desde septiembre de 2008 la producción de gasolina bajó más o menos 40% y al no obtenerse los 280,000 barriles diarios que se necesitan, se tiene que importar el producto para los planes del país. Nadie se explica cómo Chávez le ofreció 20,000 barriles diarios de gasolina a Irán. Aunque se supo que el Congreso norteamericano con el apoyo de la Unión Europea, estaba estudiando no venderle gasolina a Venezuela, porque Chávez se le iba a mandar a Irán.

Además de no contar PDVSA con una gerencia de Relaciones Humanas para que vigile el proceso, la politización y la corrupción le han generado todo el desastre que vive hoy.

Los conflictos internos son de toda índole. La falta de mantenimiento y la destreza en su manejo ha provocado más de 270 accidentes desde 2002, con 75 muertos. Cuando ocurre un accidente el Gobierno presiona a los trabajadores y los dirigentes del partido oficial protestan por la forma como los tratan.

El Gobierno ha prohibido terminantemente que se informe sobre la importación de gasolina, pero la situación es obvia ante los ojos de todos.

Hasta la refinería que tiene PDVSA en Curazao sufre de falta de mantenimiento; ha estado fuera de servicio por fallas eléctricas. Los residentes de la isla han hecho innumerables reclamos a la empresa, además de los juicios que han iniciado, debido a las emisiones industriales que supuestamente les ha afectado la salud a la población.

Chávez no se atreve a subir el precio interno de la gasolina porque tiene miedo a que se repita una revuelta como «el caracazo», ocurrida el 27 de febrero de 1989, cuando el Gobierno aumentó el valor del producto, y por temor a las colas de vehículos en las estaciones de servicio que se presentaron durante el paro petrolero en 2002, ante la escasez del combustible.

Sumado a la falta de inversiones, ejecución de proyectos y mantenimiento desde el 2002 en toda la empresa petrolera, PDVSA financia campañas electorales de Chávez, de otros políticos y de sindicalistas afines al chavismo; se ocupa de comprar, producir y vender alimentos, del desarrollo urbano, de revisar contratos de empresas de socios como Cuba y Argentina, de los deportistas; mantiene al partido socialista de Chávez en toda su extensión; se ocupa de transportar alimentos y equipos para las FARC y miles de otras cosas que le impiden realizar una labor eficaz en la misión para la que fue creada.

Antes de Chávez, PDVSA tenía una nómina de 39,354 trabajadores y unos 30,000 contratados, que producían 3,100,000 barriles de petróleo al día. Hoy tiene 70,426 trabajadores y casi 20,000 contratados, con una producción de 2,300,000 barriles diarios o menos.

Venezuela ha corrido con suerte que Estados Unidos no haya tomado represalias contra su Gobierno, actuando en contra de la empresa CITGO que opera en territorio norteamericano. Son muchas las decisiones tomadas por Chávez contra ese país, como la expulsión de sus embajadores e infinidad de insultos a su presidente y a su sistema de gobierno.

Producción y economía. Populismo. Agricultura de puertos

«Toda persona, dondequiera que viva, tiene el derecho a vivir con dignidad. No debe negársele su derecho a una vivienda adecuada, alimentación, agua y saneamiento, educación y cuidado de su salud.» Así lo establece la Organización de las Naciones Unidas (ONU), en uno de sus documentos.

En Venezuela Chávez entrega millones de dólares mensuales con la figura de «becas» a personas, que no trabajan ni producen con ese dinero que reciben, solo lo gastan y no dan nada a cambio. Eso se llama llana y sencillamente «populismo».

Es allí donde estriba la gran diferencia entre los dólares recibidos en subsidios por los agricultores en países desarrollados, que a su vez generan trabajo, bienes y servicios y los que en forma de «beca» se reparten aumentando el subdesarrollo y el estancamiento de los países. Con ese dinero solo se genera el gasto momentáneo de compra de comida, vicio o vestidos, y la falsa esperanza en la población, cuyas cantidades recibidas se desvanecen de un día a otro. Por eso es que los seguidores de Chávez dicen que todo sigue igual en Venezuela, porque los mercados y sitios de diversiones están llenos todo el tiempo. Dinero fácil que no contribuye para nada a crear desarrollo y prosperidad. Es una economía ficticia que en el futuro cercano no habrá forma de detenerla, pero que en un futuro lejano va a dejar una huella profunda y difícil de subsanar. Si en algún momento por alguna razón el Gobierno dejara de dar ese subsidio a los miles de pobres que lo reciben, se va a generar un caos impredecible, porque muchos de ellos no están capacitados para trabajar, y a los que lo estaban antes de esos programas hambrunosos, sin poder cubrir ni la compra de los alimentos más básicos, les va a costar comenzar a desenvolverse solos inmediatamente.

El caso de Venezuela es particularmente peligroso ante la situación del subdesarrollo. La riqueza «momentánea» por la subida de los precios del petróleo trajo más pobreza y más desesperanza a la mayoría de los ciudadanos porque dentro de la minoría, se incrementó el número de nuevos ricos, bien pocos en sentido proporcional, todos cercanos al entorno del Gobierno de turno de Chávez, de una manera u otra. Algunos son políticos, otros comerciantes o industriales que se aliaron al Gobierno y se convirtieron de la noche a la mañana en millonarios a la vista de todos.

En Venezuela, en los diez años de Gobierno chavista, más de la mitad del parque empresarial, incluyendo la pequeña y mediana industria, tuvo que cerrar por las presiones del Gobierno con la imposición de impuestos y trabas. En su mayoría, los dueños de esas empresas son opuestos al régimen y algunos firmaron la lista que un famoso diputado por esa acción dio a conocer. Famosa lista que dejó sin trabajo a cientos de miles en la empresa petrolera y en las diferentes entidades oficiales, además de la quiebra de un porcentaje altísimo del parque industrial del país. El solo hecho de no aparecer en la «lista» es todavía una patente para asegurarse dádivas del Gobierno en todos los ámbitos; para conseguir trabajos, casas, ayudas, cualquier cosa.

El flujo de ingresos petroleros hizo que el Gobierno comprara más en el exterior, mientras los productores propios denunciaban públicamente que el ente oficial que manejaba las divisas extrajeras se demoraba hasta 6 meses —¡180 días!—, para autorizarles los montos que necesitaban para funcionar. La producción nacional se fue paralizando porque la escasez así lo demuestra. Se llegó al colmo de que la solicitud de divisas extranjeras se hacía a través de Internet y la página web del organismo, que se mantenía fuera de línea por semanas. Eran más trabas para solicitar dólares y más atraso para el país. La entidad oficial CADIVI dio a conocer que hasta el 20 de noviembre de 2007 habían aprobado casi 18.02 mil millones de dólares para importaciones. Esa cifra superó en más del 13% a lo utilizado en el mismo concepto en 2006, cuando fueron designados 16.80 mil millones de dólares, según cifras de ellos mismos.

A finales de 2007, cuando importaban por ejemplo leche, se hacían colas interminables de personas desesperadas por adquirirla. Pero las compras y colas solo duraban dos días cada vez; la importación de leche alcanzaba para solo dos días. Al tercero, los anaqueles de supermercados y abastos estaban otra vez vacíos del producto. Algunos voceros del Gobierno «sugerían» sustituir la leche por otra cosa. Todavía hay quien se pregunta ¿por cuál? Sin tomar en cuenta que para los bebés no hay sustituto de leche que pueda ayudar a su desarrollo. Aunque en la década de los ochenta se comentó que a niños de familias de muy bajos recursos, se les daba como alimento la comida de perros diluida en agua. Hasta ese extremo se ha llegado en uno de los países con más ingresos petroleros del mundo. Hubo personas que solo comían pasta y el agua donde la hervían, se le daba a los niños en el tetero también. Todo eso sucedía no por falta de productos en esos años, sino porque eran familias que no tenían dinero para comprarlos. Tal vez esa es la sugerencia de los gobernantes de 2007, que los venezolanos repitan las experiencia de darle cualquier cosa a sus bebés como comida. La situación ahora es de falta de producción, no de dinero. No es razonable esta situación. Se repite entonces la consabida frase «es culpa del Gobierno de turno». Definitiva y claramente lo es.

¿Por qué faltan los alimentos en un país mil millonario cuyos ingresos por concepto de venta del petróleo le permite hacerle regalos a otras naciones de 400 millones, 500 millones de dólares y muchos más, repetidas veces? No hay producción interna. Todos los intentos de proyectos agrícolas y pecuarios han fracasado. Sin embargo, los afectos al Gobierno dicen que no hay escasez. No se sabe para quién, porque en los mercados falta siempre cantidad de alimentos y artículos del diario consumo. Además, como el caso de la leche, se veían en ocasiones innumerables personas en línea esperando su turno para tener una cuota de ese producto. La situación de escasez ha sido real. Se ha comentado que los productos importados llegan directamente a las casas de los políticos cercanos al régimen. No habría que dudarlo, ante tanta irregularidad que se percibe.

El desastre del país se agudiza cada vez más. Chávez reprime salvajemente a estudiantes y trabajadores creando más descontento entre la población. «Échenle gas del bueno a los estudiantes y métanlos presos», fue la frase que el pueblo quiere olvidar pero que las acciones policiales obedeciendo esas órdenes, no se lo permiten. Los cuarteles están dirigidos por generales o ciudadanos de menor rango, todos politizados que perdieron el rumbo desde comienzos de este Gobierno.

No es solo la empresa petrolera que está deteriorada. Dicen los expertos que todas las grandes empresas nacionales o expropiadas que están en manos del Gobierno corren la misma suerte. En cuanto al aluminio, el costo de la producción supera los precios de venta, principalmente por obsolescencia tecnológica. Las industrias siderúrgicas y cementeras se estatizaron y se teme les pase lo mismo. Hoteles que una vez estaban en manos privadas y ahora en las del Estado, algunos irrecuperables, otros trabajando con deficiencias porque piscinas, aparatos de aire acondicionado y drenajes están en mal estado. Los planes de recuperación están paralizados o van muy lentamente. En agosto de 2000 la empresa de vidrio que había intervenido el Gobierno, llevaba nueve meses paralizada.

En declive inexorable iban las factorías de aluminio para septiembre de 2009, según informes recibidos por periodistas, por falta de mantenimiento y bajando aceleradamente la producción. Bajó la calidad de los productos y como no quería el Gobierno venderle a Estados Unidos, hasta mantenían parte de la producción en los patios. Cuando salieron a venderla, los precios habían bajado y las pérdidas fueron altas. El aumento de trabajadores por el clientelismo político y el uso de los fondos de la empresa para actividades proselitistas del Gobierno, se han sumado al estado deplorable de la producción de aluminio. Es casi forzoso señalar que cuando el precio del producto era alto en los mercados mundiales, las dos empresas que daban pérdidas en todo el planeta, eran las dos de Venezuela.

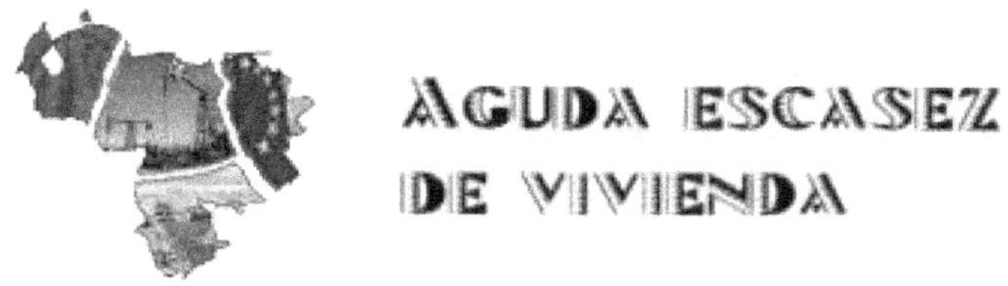

AGUDA ESCASEZ DE VIVIENDA

No se sabe dónde están los reales, porque no se resuelven los problemas de la población en el país. El caso de la vivienda —en los años 2006, 2007 y hasta 2009— en un reporte de la Asamblea Nacional pudieron conocerse algunos detalles, como:

- En el programa de Substitución de Ranchos por Casas, se sustituyó solo el 38%, pero el presupuesto se entregó al 100%. Es decir que muchos firmaron los contratos, se les entregó el dinero, pero no fabricaron las casas. Impunidad, corrupción, complicidad. Aparecieron obras paralizadas, reactivadas solo el 51%, pero gastaron toda la plata. En la construcción de viviendas, ejecutaron el 19.86% en 16 mil casas en el 2006, pero gastaron todo el dinero que estaba presupuestado para eso.
- Sustituyeron por vivienda solo el 38.71% de los ranchos planificados.
- Reactivaron el 51.23% de las obras para viviendas que estaban paralizadas.
- Construyeron solo el 19.56% de las viviendas planificadas.
- Cumplieron solo con el 47% de las metas de viviendas, pero ejecutaron el 100% el presupuesto.
- Construyeron el 50% de las escuelas bolivarianas planificadas.

Este ha sido el Gobierno que menos viviendas ha construido en la historia nacional. La gente anda desesperada buscando un techo propio donde vivir y son cientos los casos que ilegalmente invaden edificios, casas, terrenos, lo que encuentren que les sirva para guarecerse. Pero para muchas familias la que creyeron solución se les convirtió en tragedia. Una vez instalados al invadir, porque al principio de su Gobierno Chávez manifestaba públicamente el permiso para que ocuparan propiedades de otros, eran desalojados con violencia por los cuerpos policiales. Adultos, niños y ancianos eran echados a la calle con sus enseres sin resolverles su problema habitacional; situaciones que se repetían en todo el territorio nacional. Aumentaron las protestas de los ciudadanos reclamando sus techos, pero la policía y la Guardia Nacional los dispersaba con gases lacrimógenos la mayoría de las veces.

Durante su mandato, Chávez ha construido el menor número de viviendas en toda la historia venezolana. Era la industria privada que se ocupaba del 85% de la construcción con financiamiento propio, pero las medidas de su Gobierno y principalmente los mensajes llenos de odio y ofensas que le envía a quienes tienen el dinero para invertir porque trabajan, quitó el incentivo para hacerlo, sumado a la inseguridad jurídica que reina en el país, que no les asegura a los constructores que su trabajo se va a valorar. Quienes han perdido son los de menores recursos porque ahora no tienen a dónde recurrir. Con leyes aprobadas por la asamblea chavista, los particulares solo pueden vender al Gobierno y los sistemas de pagos principalmente son a través de bonos, que realmente no es negocio para quien ha puesto todos sus esfuerzos para mejorar.

Un solo ejemplo aclara mucho la ineficiencia e incapacidad de Chávez y su Gobierno en la construcción de casas. En 5 años terminó 285,300 para 26 millones de habitantes; mientras Luis Herrera hizo 367,739 para 16 millones de venezolanos; y Carlos Andrés Pérez en su segundo mandato hizo 314,000 mil para 18.5 millones de personas.

Chávez firmó convenio con Cuba por 500 mil toneladas de cemento, pero en mayo de 2008 solo habían entregado el 33%, habiéndose cancelado el total muchos meses antes. De acuerdo a los informes de prensa, el costo por saco comprado a ese país era mucho mayor que el producido en Venezuela, lo que resultó un sobreprecio de ¡medio billón de bolívares!

Hubo una incoherencia enorme en cuanto a la construcción de casas acordado con Irán, Uruguay y Brasil. Se entregaron multimillonarias sumas a esos países, con precios completamente diferentes por unidad con cada uno de ellos, se les entregó el dinero y hasta el 30 de mayo de 2008 no se había construido ni una casa en Venezuela.

Al contrario. En los primeros 5 meses de 2008 las personas que necesitaban techo propio protestaron en todo el país, haciéndole un llamado al Gobierno para que les solucionara el problema. En el estado Bolívar Chávez ofreció cambiar barracas por viviendas en el Proyecto Juan Camejo. Llegó un momento en que cerraron la vía de El Pao a San Félix, porque esos ofrecimientos no fueron cumplidos. Uno de los ciudadanos dijo que el gobernador chavista era un mentiroso porque solo habían construido 200 viviendas de las que había dicho el mandatario, en un proyecto paralizado desde diciembre de 2007. Le hicieron un llamado al presidente para que se percatara de la realidad. A mediados de mayo invadieron un edificio propiedad de la alcaldía del municipio Sucre que estaba dentro de los planes de substituir ranchos por casas dignas. Ahora no tienen ni lo uno ni lo otro. Otro caso en Marite, Zulia: los ciudadanos que protestaban gritaban que hacía una semana el Gobierno dijo que las casas de ese lugar estaban entregadas, pero era mentira y las pocas que estaban en construcción les habían reducido el terreno y en lugar de dos o tres habitaciones, les quitaron una... Mejor dicho, no se cumple ni lo prometido ni lo necesitado.

Algunos detalles del despilfarro

Un detallado informe presentado a la Sub-comisión para América Latina de la Comisión de Relaciones Exteriores del Congreso de Estados Unidos, dado a conocer en julio de 2008, afirma:

> El Gobierno del presidente Hugo Chávez ha gastado cerca de 33 millones de dólares para influir en la política regional de América Latina, ayudando a financiar las economías de países como Argentina, Bolivia, Cuba, Ecuador, Nicaragua y otros, y entregando recursos a organizaciones consideradas terroristas como las FARC, la organización separatista vasca ETA y grupos islámicos como Hamas y Hezbolá.

Todo el dinero regalado por Chávez en diez años, aproximadamente a dieciocho naciones, no ha tenido control, no ha habido organización alguna que haya podido enterarse de sus detalles. Parte ha sido derogado desde PDVSA, la empresa petrolera otrora modelo de administración, y de acuerdo a especialistas en la materia, hoy, completamente inauditable. Se ha llegado al caso en que personas muy ligadas a la entidad sostienen que no se realizan las inversiones necesarias para mantener productiva la empresa, sino que se enfoca en apoyar los proyectos políticos de Chávez. Ya no es la transparente industria que explotaba, exploraba y transformaba los hidrocarburos, sino que se ocupa de muchas más tareas adicionales, como construcción de viviendas; producción, importación, distribución de alimentos, organización de planes educativos, facilitación de entrega de insumos a las FARC, entrega de donativos a personajes amigos del Gobierno, tanto en el país como fuera, y muchas otras tareas que distraen sin duda, su misión inicial. Para rematar y como ejemplo de en lo que Chávez convirtió a PDVSA, en uno de sus programas dominicales le pidió al presidente de la empresa que se encargara de los deportistas con posibilidades olímpicas. Le ordenó que PDVSA abriera una oficina para atender a los atletas de alto rendimiento, que se hicieran asambleas y se les oyeran sus problemas y necesidades.

Corrupción y vida de ricos

Se habla de complicidad e ineficiencia para hacerle frente a la corrupción, lo que casi abiertamente fue asegurado por el Contralor General, Clodosbaldo Russián en septiembre de 2009, cuando dijo en un programa de televisión que ese vicio «es un flagelo que se refiere a la apropiación indebida de bienes y recursos que no nos pertenecen y eso se puede producir en cualquier sector». Aseguró que cuando se habla de ese tema en Venezuela, no es una valoración técnica, sino de tipo político, y que Chávez ha sido el gran aliado del Estado para el combate de la corrupción; que el Estado mantiene una prédica perenne contra esos manejos, lo que según él ha contribuido a crear conciencia ya que ese es un problema cultural, de conciencia, ideológico y político.

Sí, al parecer solo han hablado de la corrupción, pero hasta ahora no se ha condenado a ninguno de los dirigentes chavistas denunciados ante su despacho, la Fiscalía General de la República y otros organismos competentes, con documentos probatorios en cada caso.

Se necesitan escribir muchos libros para poder abarcar el tema de la corrupción en el Gobierno de Chávez. Aquí haremos unas pequeñas referencias como abreboca de un problema que tanto daño les ha hecho a los venezolanos y que definitivamente con este presidente, no se atacará.

Entre los casos de funcionarios denunciados con documentos contundentes como respaldo, están los de los familiares de Chávez en Barinas. Su papá como gobernador, un hermano como alcalde, primos en varios cargos administrativos y luego otro hermano como gobernador. Se habla de todo tipo de irregularidades, al punto que el mismo presidente dijo el 3 de abril de 2008 que «a sus familiares acusados, deben defenderse, porque él no asumirá defensa automática de nadie». Empresas fantasmas que reciben la orden de trabajo por millones de bolívares, sin licitación, evaluación ni control; carros de todos los modelos, mansiones, haciendas, en una familia que hace diez años era una de las más humildes. Propiedades compradas con dinero de la gobernación que al poco tiempo se revendían a la misma gobernación con sobreprecios exorbitantes. Parte de las denuncias contra la familia Chávez la hizo un diputado de la misma entidad, a quien han amenazado con quitarle la inmunidad parlamentaria y que desafortunadamente le mataron a un hermano en circunstancias desconocidas y que inicialmente se dijo eran sicarios los autores. Posteriormente la policía dijo tener a los responsables.

Muchas denuncias se han hecho en contra del exalcalde de Caracas Juan Barreto. Por nóminas paralelas o «plantillas», a través de concejales , diputados de la Asamblea Nacional y personajes del Tribunal Supremo de Justicia; compra de globos aerostáticos que resultaron de tan mala calidad que a los pocos días no alzaban vuelo; adquisición de propiedades millonarias. Las denuncias salieron a relucir después que Barreto perdió la alcaldía, lo que trajo posteriormente un acoso inhumano contra el alcalde entrante, por supuesto, ganador en filas de la oposición. Se comenta que los chavistas motorizados que agredían a las organizaciones de la alcaldía, tras la pérdida de Barreto de su cargo, eran los integrantes de esas «plantillas», que decidieron hacerles la vida imposible a las nuevas autoridades. Pero se evidenció que tenían la anuencia de Chávez porque a pocos meses después de las elecciones creó una autoridad en Caracas que le quitó prácticamente todas las funciones y el presupuesto al nuevo alcalde.

De esas acusaciones no se ha sabido si las investigaciones siguen su curso o se engavetaron.

Un caso muy nombrado es el de Diosdado Cabello, compañero de armas de Chávez, que estuvo en el golpe contra el Gobierno de Carlos Andrés Pérez en 1992 y que el mandatario le ha dado responsabilidades en numerosas ocasiones, al extremo que en marzo de 2009 tenía veintitrés de acuerdo a la Gaceta Oficial 367731, entre ellas administración de puertos, aeropuertos, muelles, aeródromos, ferrocarriles, fijación de tarifas y fletes; construcción de viviendas, hospitales, escuelas, puentes; planificación y constitución de fondos públicos y privados de viviendas y adjudicación de casas y mucho más.

Cabello fue gobernador del estado Miranda hasta las últimas elecciones cuando perdió el cargo ante un opositor del Gobierno. A los pocos meses la Procuraduría del Estado denunció públicamente y ante los organismos competentes, las irregularidades que habían encontrado durante su gestión, estimando que el daño patrimonial que causó se acerca a los 230,000 millones de bolívares solo en 2008.

Entre otros casos informados están, compra de inmuebles destinados como viviendas para los médicos cubanos, sin avalúos e incluso algunas sin las direcciones donde estaban ubicadas; además, el pago de grandes sumas de dinero a hoteles, en algunos casos con doble factura, para alojar también a profesionales cubanos, sin señalar cuántas personas ni cuántas noches. Lo que sí quedó claro es que los pagos se hicieron.

Además, cancelación a dos empresas con un socio en común sin constancia de cuáles fueron las obras que hicieron, porque entre las denuncias está que se llevaron hasta los archivos donde se podrían comprobar algunos datos. Uno de los directivos de una de las dos compañías es primo de un yerno de Chávez. Había 150 millones de bolívares en el presupuesto que 48 horas antes de las elecciones regionales se extrajeron como «transferencias de capital internas del sector público» y nadie sabe dónde están ni en qué se gastaron.

El nombrado caso del maletín que le incautaron al venezolano-americano Alejandro Antonini Wilson con 800,000 dólares en el aeropuerto de Buenos Aires, destapó uno de los casos de corrupción más sonados en la historia de Venezuela y de Latinoamérica. Sin embargo, la Fiscal General claramente declaró, que ese caso no se iba a investigar, porque no tenía ninguna trascendencia para Venezuela.

Los protagonistas: Alejandro Antonini Wilson, Franklin Durán y Carlos Kauffmann. Las declaraciones de Durán y Kauffmann aseguraron la presencia de la gran corrupción en todos los estratos del Gobierno de Chávez y revelaron la existencia de una red de corrupción en la que se habían convertido en una especie de testaferros de políticos, militares y altos funcionarios del régimen. Los dos tenían varias empresas, una de ellas de lubricantes, la cual según ellos, pagaba sobornos a funcionarios de PDVSA para que le dieran prioridad en la venta de su materia prima. También pagaron sobornos a funcionarios de FOGADE,[24] el organismo que administraba los bancos en quiebra, para que les dieran los depósitos a hacerse en bancos comerciales. Durán fue condenado luego de este juicio y Kauffmann se declaró culpable decidiendo cooperar con la fiscalía.

Durán y Kauffmann declararon bajo juramento muchos asuntos, entre ellos detalles de sobornos, comisiones y tráfico de influencias, como que:

---

[24] Fondos de Garantías de Depósito y de Protección Bancaria. *(N. del E.)*

- Hugo Chávez estuvo al tanto de las operaciones de encubrimiento del origen y el destino del dinero, porque según uno de ellos, el presidente iba a sacar a todo el mundo que estuvo involucrado en el asunto y porque sabía que un asistente del presidente de PDVSA había llevado las maletas al avión que viajó a Argentina.

- Tobías Nóbrega, ministro de Finanzas de Chávez para ese entonces, recibió un millón de dólares de ellos, según Kauffmann, por haber aprobado la compra de un edificio para ese despacho ministerial y que doblaba el valor por el que los empresarios lo habían adquirido. También, que funcionarios de ese ministerio los ayudaron a reestructurar un paquete de la deuda pública que recibieron como parte de pago del edificio. En esa operación desembolsaron cuatro millones y medio de dólares al equipo, incluido Nóbrega. Pero para ellos no fue pérdida porque posteriormente hicieron una operación más lucrativa con la reestructuración de bonos.

- Hablaron del viceministro de Finanzas, Jesús Bermúdez, también por los bonos reestructurados.

- Hicieron negocios turbulentos con el exgobernador del estado Vargas, Antonio Rodríguez; el de Cojedes, Jonhy Yánez Rangel y Felipe Rodríguez su secretario; Jorge Rodríguez, quien en esa época era Vicepresidente de la República; Tarek El Aissami, Viceministro de Seguridad Ciudadana y luego ministro de Justicia; Henry Rangel Silva, titular de la Dirección de los Servicios de Inteligencia y Protección (DISIP); y muchos otros personas de quienes aseguraron estaban involucrados en la corrupción que reina en el país.

Nuevos ricos, multimillonarios cercanos al Gobierno, surgen cada día; unido esto a la compra de material armamentista y bélico en grandes cantidades, para defenderse del ataque de Estados Unidos, que según el presidente era inminente antes de

Obama, y ahora como que también. Mientras, los pobres reciben limosnas con cara de «becas» u otras ayudas pasajeras. Limosnas que les permitían «sobrevivir»·en el hoy, pero no los preparan para producir, trabajar y ahorrar para el mañana. Los hospitales, calles, administración del Estado en general, de mal en peor. Lo que tal vez no se había vivido con tanto realismo en toda la historia de Venezuela, había sido la escasez de productos alimenticios y de otras índoles. Y a finales de 2007 fue desesperante para muchos sectores de la población no encontrar en los anaqueles de los mercados huevos, leche, azúcar, aceite, carnes, artículos de aseo, y víveres de todo tipo.

Denuncias y más denuncias sobre corrupción a todos los niveles, pero quienes tienen las leyes en sus manos no actúan. Contraloría General, Tribunal Supremo de Justicia, Asamblea Nacional, Defensoría del Pueblo, Fiscalía General y ni el mismo Chávez hacen nada. Al contrario, cuando la denuncia es sumamente contundente y la gente se entera por los medios que se había formulado, aparecen decisiones contrarias a la lógica, los denunciantes aparecen en muchos casos como culpables, y los denunciados como víctimas.

Por citar un caso, el de los contenedores llenos de televisores regalados, lo denunció un periodista, que elevó la denuncia ante la entidad competente, pero nunca se supo de decisiones al respecto. Lo que sí es cierto es que el periodista está preso sin juicio, por supuestos manejos equivocados en una emisora de radio en San Cristóbal, pero que no se le ha probado nada al respecto.

El caso se refiere a la entrega a dedo a personalidades vinculadas con la revolución de ese material durante el año 2002 por parte de la Dirección General de los Servicios del Ministerio de Finanzas. En cada contenedor había 1,000, 1,200 o 6,000 televisores a color, marca Samsung (dependiendo del tamaño), producto de una incautación por parte de efectivos del Servicio Nacional Integrado de Administración Aduanera y Tributaria (SENIAT), en la aduana de Puerto Cabello. Se entregaron el 18 de junio de 2002 según actas oficiales firmadas por la directora del servicio, los cuales el periodista mostró por televisión, con el sello respectivo. En ellos se le ordenaba al gerente de la aduana, entregar esos televisores, entre muchos otros personajes, a:

o Diosdado Cabello cuando era ministro de Interior y Justicia —no al ministerio—, luego ministro de muchos organismos al mismo tiempo en 2009.

o General de División Jorge Luis García Carneiro, Jefe del Plan Caracas en ese momento, elegido gobernador del estado Vargas posteriormente.

o Freddy Bernal, alcalde del municipio Libertador.

o Alejandro Andrade, presidente del Instituto Autónomo Fondo Único Social.

o José Vicente Rangel Ávalos, alcalde del municipio Sucre.

o José Carrizales Flores, presidente de la Fundación Pueblo Soberano.

Explicó el denunciante que si era producto de una incautación, debió seguirse un procedimiento legal establecido en las leyes y normas, especificando el número de televisores a cada destinatario y el destino final que se les daría. Y se preguntó: ¿Eran televisores realmente?

Funcionarios del Gobierno de Uruguay calificaron como presunto lavado de dinero el negocio de libros de una empresa de ese país con Venezuela. Son cincuenta mil textos del llamado *set* cartográfico integrado por libros sobre técnicas de ordenamiento territorial de Venezuela, cuadernos, folletos y mapas.

En una declaración por televisión, un senador uruguayo dijo que no se le conoce dirección a la empresa que envió los textos ni aparece registrada en ninguna parte oficialmente. Lo que sí es cierto es que uno de sus antiguos presidentes está relacionado con una senadora que milita en uno de los partidos de los que Chávez tiene mucha simpatía.

Este hecho se da en un período electoral en Uruguay y temen que sea algo parecido a lo ocurrido con la maleta de Antonini Wilson decomisada en Argentina, o todos los otros casos en países donde Chávez ha ofrecido su ayuda a los candidatos de su preferencia. Son 50 mil libros cuya impresión costó US$5.85, pero Venezuela los compró en US$498.00 cada uno. La edición completa costó US$500,000 y Venezuela pagó ¡32 millones de dólares!, es decir, un sobreprecio de US$493 por cada libro.

Por otra parte el senador uruguayo dijo que la empresa venezolana que adquirió los libros, Inversiones Ganesa, según informes de la compañía uruguaya que los vendió, está registrada con razón social para importar y exportar carne de aves, granos y cereales, huevos y productos de plástico para la industria, pero nada relacionado con el tema editorial. Además, tratándose de un libro sencillo no se justificaba que no lo hubieran producido en Venezuela, donde se cuenta con técnicas modernas para ese trabajo.

La investigación por presunto lavado de dinero en Uruguay la está llevando a cabo la Dirección General Impositiva (DGI).

En noviembre de 2008, Venezuela apareció en la lista de Transparencia Internacional entre los países más corruptos en América Latina, junto a Haití y Ecuador. La información se dio a conocer después de realizarse la XIII Conferencia Internacional contra la Corrupción en Atenas. De acuerdo a agencias internacionales de noticias, una de las conclusiones del encuentro al que acudieron más de 1,300 expertos de 135 países, se refirió a América Central y el Caribe, cuyos presidentes habían firmado un protocolo en la anterior conferencia en 2006 en Guatemala, con el propósito de armonizar las leyes y políticas regionales contra la corrupción hasta el 2010. Al parecer Chávez no ha tomado en cuenta este protocolo y solo le queda 1 año para leerlo con detenimiento.

Forma socialista de vivir de Chávez. Sus interminables viajes

> Lucharemos a muerte contra la corrupción, que es una amenaza, es un veneno que tenemos por dentro. La corrupción de los valores. Los que quieren tener mucho dinero. ¿Dinero para qué chico? Hágame el favor. ¿Dinero para qué «sipote»? Ah bueno... Lo necesario para vivir dignamente, pero para tener mansiones, riquezas, lujos, no vale, no, no, no, definitivamente no. Esos son los escuálidos. El que quiera mucho dinero, métase a escuálido, vaya para allá.

Estas fueron las palabras de Chávez en una de sus millones de apariciones en cadena nacional de radio y televisión en los primeros años de su Gobierno.

¿Cuánto de sinceridad pudo haber en tan claras palabras? Un exdiputado a la Asamblea Nacional se dedicó a realizar una investigación sobre los gastos de Chávez y luego los resultados fueron publicados en medios de comunicación. Sirve de ejemplo a la «prudencia» del ciudadano presidente. Sus gastos los aprueba en algunas ocasiones la Asamblea, en otras no. En un simple resumen se podría decir que:

Desde 1999 a 2007 el presidente viajó a 176 países (15 menos de los que la ONU reconoce en todo el mundo), con un gasto aproximado de $88 mil millones. Durante 2007 se discriminan los gastos aproximados en bolívares, así: en la casa presidencial La Casona en Caracas, se gastaron más de 600 mil millones en alimentos y bebidas; en ropa para Chávez, 96 millones; lavandería y tintorería, 614,790; en libros, revistas y periódicos, 50 millones de bolívares. En 2008: remodelación del despacho presidencial en Miraflores, 5 mil millones; alimentos y bebidas a través de agencias de festejos y no justificados ante la asamblea nacional, 140 millones; seguridad y custodia dentro y fuera del país, 12 mil millones; calzado del presidente, 43.300 millones, unos 120 mil bolívares diarios.

Durante los últimos cinco años, se aprecia en el próximo gráfico el presupuesto de gastos anuales por parte de la presidencia.

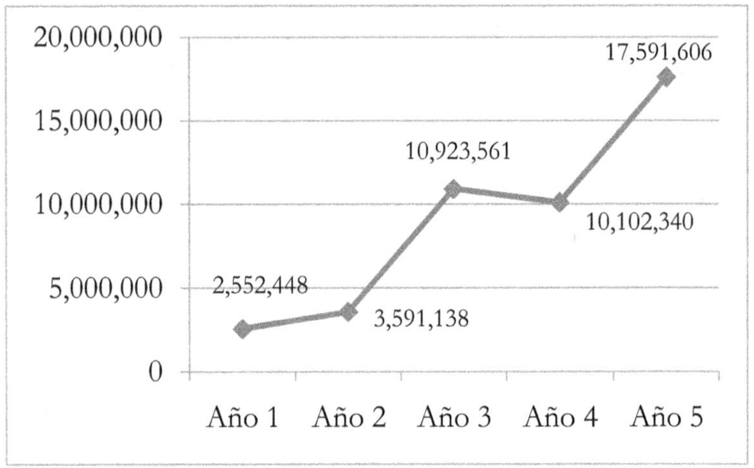

Presupuesto de gastos anuales de la Presidencia durante los últimos cinco años.

En su viaje a Perú durante la Cumbre de la Unión Europea y Países Latinoamericanos, en mayo de 2008, algunos periodistas estuvieron escudriñando los pasos y detalles que rodearon al mandatario venezolano. Y publicaron sus descubrimientos, para lo cual contactaron a algunos empleados del hotel. La delegación venezolana que encabezaba Chávez reservó tres pisos, 16, 17 y 18, del hotel Casa Andina, en Cuzco. Estuvo rodeado de cámaras de seguridad y llevó a su *chef* personal en el viaje, quien era el único autorizado para servirle los alimentos. Al entrar en la habitación ordenó cuatro botellas de whisky etiqueta azul, a pesar de haber llegado en la madrugada.

Como otro burgués cualquiera, Chávez llevó en su comitiva, dos perros pequeños y un cuadro enorme de su «ídolo», Simón Bolívar. Además, su escolta consistía en seis camionetas polarizadas. Todo muestra de lo contrario a lo que siempre pregona, «¿Para qué ser rico? Solo es necesario el dinero para cubrir las necesidades básicas».

De acuerdo a la denuncia de un dirigente político en mayo de 2009, la entidad que regula la entrega de divisas, CADIVI, autorizó 845,000 dólares para el viaje de Chávez y su comitiva a Argentina, precisamente cuando el Gobierno hablaba de austeridad y normas para regular el gasto público. La comitiva la integraban 120 personas, entre militares, ministros, periodistas, seguridad presidencial, médicos y familiares. Mientras tanto, el régimen redujo gastos en gobernaciones, alcaldías, universidades, hospitales y muchos otros sectores que ya en crisis, aumentaban su estado de abandono por parte del Gobierno con las nuevas disposiciones.

En septiembre de 2009 se conoció que dentro de los recursos destinados a la presidencia de la República, la Asamblea Nacional destinó casi mil millones de bolívares para seguridad, custodia y transporte aéreo presidencial, más unos seiscientos mil millones de bolívares para viáticos y pasajes dentro y fuera de Venezuela. Sin duda, la austeridad no entra por casa.

El 11 de junio ofreció una nueva cadena nacional para anunciar los cambios en la economía que el Gobierno o él habían decidido implementar. Un ciudadano curioso se acercó al hotel donde se llevaba a cabo la reunión. Textualmente dice en un espacio digital al que tiene acceso todo el mundo:

> Me sorprendió ver camionetas Hummer infinitas, parecía un concesionario de vehículos. Carros brillantes, de último modelo, unos 70 para proteger a Chávez, además de los camuflados que estaban también en los alrededores. Ante tantos carros me di cuenta que para mí a Chávez lo tienen engañado con tanto comunismo. Espero reflexione.

El diputado que se ha dedicado a investigar lo que invierte el Estado en el mandatario venezolano, publicó recientemente que los gastos para mantener su seguridad y custodia superaban los 80 millones de bolívares diarios. Solo la vigilancia del avión presidencial cuesta alrededor de 7,500 millones de bolívares diarios.

Hay que agregar su «gira exótica», como fue calificada, de 11 días a finales de agosto y principios de septiembre de 2009, a pesar de que en marzo dijo que iban a reducir y eliminar gastos porque estaban en austeridad. Se publicó en la prensa que llevó una comitiva de 200 personas y 50 guardaespaldas y el gasto aproximado total fue de 3.5 millones de dólares. Se utilizaron 2 aviones, uno de Cubana de Aviación y el otro con siglas venezolanas. Estuvo en Argelia, Siria, Libia, Rusia, Irán, Bielorrusia, Turkmenistán, Venecia y su última parada fue en Madrid.

Se conocieron algunos gastos, realmente todos astronómicos. El caso de Venecia fue muy especial. Chávez alquiló un piso completo de un lujoso hotel cuya habitación, de acuerdo a la página web del establecimiento, costó en ese momento 790 euros diarios, porque se estaba celebrando el festival de cine de la ciudad. Además, es un hotel situado en la elegante isla del Lido de la ciudad, con playa privada e instalaciones super lujosas. El agasajo que ofreció a Oliver Stone, director de la película en la que el mandatario venezolano es la estrella, costó una buena cantidad, aparte de los 10,000 dólares que la Asamblea Legislativa aprobó para la realización del film. En esta ocasión, visita y las pagó el consulado venezolano en Italia, según fuentes allegadas a la comitiva.

Es una experiencia tal vez única, que un mandatario de un país subdesarrollado y que enfrenta problemas profundos, se movilice llevando a cientos de personas en una comitiva, para estar en la presentación de una película y para colmo, haya alquilado el piso entero de un hotel cinco estrellas. Aún así, Stone presentó a Chávez en el festival como un modelo universal de gestión pública y pulcritud administrativa.

Luego en Madrid un diario español informó que el mandatario se alojaba en una suite especial del lujoso hotel Villamagna, de 5,300 euros la noche.

Con esta gira Chávez sumó 455 días fuera del país.

Pero no es solo costumbre del primer mandatario darse esos largos y placenteros viajes. Los diputados de la Asamblea Nacional, todos del partido de Gobierno, hacen lo mismo, tanto en cursos que muchas veces ni se justifican, como en periplos para defender la posición y políticas de Chávez. Lo hacen para defender alguna elección pautada por Chávez y en septiembre de 2009 para «demostrar las mentiras esgrimidas por el presidente colombiano, Álvaro Uribe, y presentar las verdaderas intenciones que el imperio norteamericano busca con la instalación de bases militares en territorio de Colombia».

Esta vez una veintena de los representantes del pueblo viajó a Argentina, Bolivia, Bélgica, Brasil, Colombia, Costa Rica, Chile, México, Panamá, Paraguay, Perú, República Dominicana, Uruguay, España, Francia, Portugal, Alemania, Italia y Países Bajos, cuyos gastos son cubiertos con dinero del «presupuesto ordinario» del organismo, según una fuente parlamentaria.

Realmente, ¿han beneficiado a Venezuela esta serie de viajes que con tanta frecuencia se repiten? En el caso de Chávez cada vez más se habla de convenios, pero ¿cuántos acuerdos y por qué tan seguidos, necesita un país cuyos servicios —salud, educación, seguridad y muchos otros—, están a la vista de todos bajo un caos insoportable?

Otros *tips* de más irregularidades en el Gobierno de Chávez

Siete toneladas de oro, doscientos treinta y dos millones de dólares, vendió Chávez para cubrir el gran hoyo del déficit que ha creado.

No dan a conocer las cifras de lo que entra por concepto de venta y lo que gastan, porque la situación se les fue de las manos.

La situación económica para junio de 2009 no se justificaba y la gente era sometida a ajustes y planes fiscales severos en la economía.

Anuncia nuevos subsidios, pero no ajusta ni libera precios de los productos agrícolas.

En el 2002, cuando la huelga de empleados de PDVSA, destituyó a más de veinte mil especialistas que contaban con años de formación y con la destreza necesaria para manejar una organización de esa envergadura. Después de ese momento la compañía comenzó su decadencia y deterioro, notable en la producción, mantenimiento y administración.

Según expertos y padres y representantes, las escuelas están en el peor estado de destrucción en la historia de Venezuela: deserción de alumnos, falta de miles de edificios y los que existen, están destartalados y en mal funcionamiento; malos sueldos para los docentes que no tienen incentivo de ningún tipo; una nueva Ley de Educación que casi todo el pueblo rechaza; cubanos dentro del sistema escolar; un ministro o todos los que han habido, ignorando los detalles de su responsabilidad; politización; miles de niños fuera del sistema; la educación privada atacada por el oficialismo en muchos aspectos;

presupuesto ineficiente; falta de escuelas, de comedores escolares; más de seiscientos planteles cerrados en el 2008 entre otras razones por fallas en sus estructuras; el Gobierno ha gastado billones de bolívares en reparación de escuelas y casi el 70% de las mismas están deterioradas, y mucho más.

Chávez está vendiendo el petróleo a futuro, el que aún no se ha extraído, porque no tiene recursos para afrontar los gastos que su Gobierno produce.

La delincuencia ataca en todos los rincones del país. No hay sitio que no haya sufrido de este mal que demuestra la complicidad e incompetencia de Chávez para resolverlo.

Las manifestaciones y protestas de los ciudadanos son atacadas tanto por la policía y guardias nacionales, como por los seguidores de Chávez ante su mirada indiferente y cumpliendo sus órdenes.

Retrasos procesales, auto secuestros, huelgas de hambre, eliminación de las evaluaciones psicosociales para optar por una medida alternativa de cumplimiento de condenas, discriminación, hacinamiento, enfermedades graves como tuberculosis y deshumanización, son entre otros los males que rodean a las cárceles venezolanas.

Engaño en las cifras de la producción de petróleo, diferentes hasta las de la OPEP.

Amigos presidentes que entre dictadores y asesinos, engrandecen el orgullo de Chávez.

Aumento de epidemias y enfermedades por falta de programas de prevención en salud.

La violencia ha hecho crear empresas de seguridad para resguardar casas y entradas de urbanizaciones, así como servicios de carros blindados para traslados desde el aeropuerto internacional de Maiquetía a Caracas.

Una Asamblea Legislativa es nombrada la «oficina jurídica de Chávez» porque no trata los temas que incumben al país, sino que solo produce leyes para complacer al presidente.

Grupos chavistas crean desestabilización en las empresas privadas, para que las cierren y expropien.

Protestas por todo el país en reclamo de seguridad y por los servicios que han colapsado en las diferentes regiones. Dos protestas por día, más de trescientas en los primeros nueve meses de 2009.

Mentiras sobre el analfabetismo. Mientras el Gobierno dice que lo erradicaron, un reporte de la Unesco coloca a Venezuela con una tasa del 7% para el 2006 —1,000,318 personas mayores de 15 años que no saben leer ni escribir.

No desarrollan los planes de habilitación de barrios. Las ciudades cada día menos atendidas. Un arquitecto calculó en 2003 que se necesitaban para ese entonces tres mil millones de dólares para rehabilitarlos, la quinta parte de lo que se había gastado en compra de armas.

Hasta en las iglesias los seguidores de Chávez atacan con violencia a la población.

Acusan a Chávez de dictador porque «dispone del poder absoluto con el dinero del petróleo de los venezolanos, y no tiene ninguna contraloría o nadie que lo obligue a rendir cuentas».

Los disidentes políticos van a la cárcel, pero cientos de miles de delincuentes tienen el apoyo del Gobierno porque cuentan con su complicidad.

Quiere eliminar los medios de comunicación para que no informen sobre los desmanes suyos y de sus seguidores. O cierran medios o les quitan la publicidad para silenciarlos. Los canales del Estado solo pueden usarlos Chávez y los chavistas.

Tras diez años todo lo que ha hecho en economía ha fracasado. ¿Qué va a pasar en el futuro?

Los hospitales no tienen los suficientes equipos de terapia intensiva, rayos X, insumos, materiales; suspenden las intervénciones por falta de agua, médicos, enfermeras, especialistas, oxigeno. Pero Chávez solo decretó emergencia médica sin tomar las debidas acciones para solucionar la crisis.

Repuntan en el país los índices de enfermedades, desnutrición y mortalidad infantil, según la Federación Médica Venezolana.

El Metro de Caracas era modelo de eficiencia, pero en el Gobierno de Chávez el servicio es caótico y sus instalaciones van en franco deterioro.

Cierran aeropuertos por su inoperatividad.

Se pudren toneladas de carne importada por improvisación, ineptitud y falta de coordinación y supervisión. En el caso ocurrido en el estado Zulia, al parecer nunca llegaron los permisos para que entrara el cargamento al país que venía de Colombia. Estuvieron esperando veinte días.

Los bomberos no cuentan con unidades ni equipos.

Ciento veintiocho aviones llegó a tener PDVSA lo que a juicio de Chávez era una fuerza aérea. Había planes para venderlos, pero no se supo de ninguna negociación. Las naves las utilizan los personajes del Gobierno y sus familiares.

Para el 2008 había un déficit de dos millones de viviendas en todo el país y Chávez construyó doscientos mil en ocho años. Entre controles, leyes, decretos e insultos y amenazas del mandatario a los propietarios, las empresas privadas abandonan los planes de construcción de casas.

Chávez no construye, expropia.

Las empresas nacionalizadas muestran claros síntomas de ineficiencia y corrupción.

Según Chávez los apagones de electricidad se producen porque los dueños anteriores no hicieron inversiones, pero en diez años él tampoco.

Uno de los principales asesores de Chávez al inicio de su gestión y que luego ha sido uno de los más acérrimos opositores, Luis Miquilena, dijo en una entrevista en el diario *La*

Vanguardia de Barcelona, España, a principios de diciembre de 2007:

> ¿Qué cosa ha hecho Chávez? Nada. Ha sido destructivo. Destruye lo que ya existía en el país. El país se pudre por la corrupción, ha doblado la deuda pública. No hay hábito de trabajo, ni vestigio de producción. La iniciativa privada está aterrada. Y se ha enfrentado y ha creado problemas con nuestros amigos de siempre: España, Colombia, Perú, México, Estados Unidos. Lo peor es que siembra el odio y el resentimiento entre la gente.[25]

En pocas palabras, Miquilena describe la labor destructiva de Chávez, tal cual es.

Y mientras tanto, Chávez sigue hablando y hablando y viajando y viajando…

---

25 Utilizada la cita con permiso de Vanguardia Ediciones, S.L. *(N. del A.)*

Medios de comunicación utilizados como referencia

El Universal, Venezuela
El Nacional, Venezuela
El Nuevo Herald, Miami
El País, España
Noticias24: www.noticias24.com (Venezuela)
Noticiero Digital: www.noticierodigital.com (Venezuela)
Infobae: www.infobae.com (Argentina)
El Tiempo, Bogotá
Diario Perfil, Buenos Aires
Diario *La Razón,* España
Diario *Tal Cual:* www.talcualdigital.com (Venezuela)
Diario *Últimas Noticias,* Venezuela

Índice

www.ingramcontent.com/pod-product-compliance
Lightning Source LLC
LaVergne TN
LVHW010103170826
845678LV00012B/2228
9798596321906